名医の身心ことばセラピー

上月正博
KOHZUKI MASAHIRO
東北大学大学院医学系研究科教授・医学博士

さくら舎

はじめに

人生にはさまざまな出来事があります。うれしいこと、楽しいこと、悲しいこと、不安なこと、さびしいことなど毎日さまざまな経験をします。

年を重ねるにつれ、入学や卒業、就職、結婚、自分や家族の病気、親の介護など、次々に重要課題が押し寄せてきます。自分の思いのままに人生を送りたい、ダイエットや運動など生活習慣を変えたいと思っても、なかなかうまくいかないことが多々あります。

人は弱いものです。ダイエットや運動は継続が困難です。また、悲しいことがあると、意気消沈したり、生きる自信を失ったりすることもあります。

私にもいろいろありました。そのようなときに、継続に役立ったり、こころを奮い立たせてくれたり、こころを明るくしてくれたのが先人のさまざまな名言でした。**長く語り継がれてきたこれら名言の数々は、人のからだとこころを、時空を超えて、一瞬にして癒《いや》し、元気づけてくれるのです。**

私は、現在大学病院に勤務するリハビリ科専門医・総合内科専門医です。じつは名言マニア、フリークで、古今東西の名言集のたぐいを読んできました。そして、先人の名言を生きる指針として用いてきたのみならず、さらに、患者や学生のからだとこころを変えるための患者指導、学生指導で用いてきました。

現代は超高齢・少子化社会で、悩みに対する相談相手の確保もままなりません。それで、これからは名言集が重要になります。

『アミエルの日記』で有名なフランスの哲学者であるアンリ・フレデリック・アミエルは、「こころが変われば態度が変わり、態度が変われば習慣が変わる。習慣が変われば人格が変わり、人格が変われば人生が変わる」と言っています。

さらに、習慣が変わればからだも変わります。ですから、私は、「こころが変われば行動が変わる。行動が変われば習慣が変わる。習慣が変わればからだと人格が変わる。からだと人格が変われば運命が変わる。運命が変われば人生が変わる」と常々説いています。

運動・リハビリで寿命ものばせます。リハビリでは、からだを楽に動かすとか、家に帰れるとか、いわば生活の質の改善が主な目的でした。一方、これまでの医療は寿命を延長することが主な目的でした。しかし、心臓病、腎臓病《じんぞうびょう》など内部障害（身体の内部の障害。具体的には心臓、腎臓、呼吸器、膀胱《ぼうこう》、直腸、小腸、肝臓、免疫機能の障害）では、運動療法を中心とした内部障害リハビリが、生活の質の改善と寿命の延長を同時に達成できる必須の医療であることも判明しました。

リハビリがからだを鍛《きた》えるだけでなく、寿命ものばせる最高の医療として認められたのです。

本書では、私が、多くの名言のなかでも特にこころを強く元気にし、からだを変えてくれるパワフルな名言を選びだし、リハビリ科や内科の知識も使いながら、解説を試みました。

本書を手元に置かれて、先人の知恵と励ましの名言を読んでいただき、読者のみなさんがどんなことにもくじけずに、元気に人生の次の一歩を踏みだして、元気なこころとからだを獲得されることを願っています。

もくじ

名医の身心ことばセラピー

1

ぜい肉をとる法

人生、頑張っても結果に繋《つな》がらない事のほうが多いが、ダイエットは頑張った分１００％結果に繋がるんだから、こんなに面白いもんないだろ。

お笑いタレントとして、また映画監督として大人気の北野武《きたのたけし》のことばである。

確かに、受験勉強、就職活動、仕事などではやった分だけ結果が出るとは限らないが、**ダイエットに関してはがんばればがんばった分だけ、自分のからだに成果となってあらわれてくる。**こんなに単純で成果が目に見えるものは他にない。

ダイエットでいちばんむずかしいことは、カロリー計算でもなく、食事制限でもなく、運動でもない。

むずかしいのは、継続することだ。あきらめたらそこで試合終了。

とにかくもうちょっとだけがんばろう。もうちょっとならがんばってみようかなと思えるだろう。もうちょっとが何回か続くうちに、自分が思っていたよりも長い時間続けられていることが多くある。

毎日、毎週、家族や友人に経過を報告しよう。アドバイスしてもらわなくても、単純に報告するだけで絶大な効果がある。

ある程度の成果が出はじめると自分ひとりでもやる気が出てくるだろうが、それまでは人に助けてもらおう。褒《ほ》めてもらえたりしたら最高だ。ますます継続する気になるだろう。

肉体は隠すためじゃなく、見られるためにあるのよ。

これはアメリカの女優、マリリン・モンローのことばだ。モンローのトレードマークは、真っ赤に塗られた唇《くちびる》、口元のホクロ、モンロー・ウォークと呼ばれた独特な歩き方。

顔はメイクで多少変えられるかもしれないが、マリリンのような顔には、努力で変えることはできない。しかし、**体形は努力で絶対に変えられる。**

お腹は皮下脂肪がつきやすいうえ、筋力が弱ると支えきれなくなった内臓が垂《た》れさがり、お腹がぽっこりとしてしまいがちだ。**お腹ぽっこりを直すには、ダイエットをして腹部の皮下脂肪、内臓脂肪を減らすとともに、腹部の表面近くにある腹直筋《ふくちょくきん》や深部で内臓を支えている腹横筋《ふくおうきん》を鍛《きた》えればよい。**

そして、できれば身を美しく保つ方法を子どものときから教えたい。身を美しくで、躾（しつけ）である。

子どもを幸せにするには、みっともないこと、見苦しくて避けられてしまうようなことはさせないよう、子ども時代から躾が大事だ。

性格は顔に出る、生活はからだに出るという厳しいことばもある。

脂肪に負けるな。

脂肪は脂肪細胞が集まったエネルギーの貯蔵庫（からだが必要とするときは、脂肪はエネルギーに変換される）の役割を果たすが、ホルモンを分泌する内分泌器官でもある。たとえば、食事をしたあと脂肪細胞からレプチンというホルモンが分泌される。レプチンは脳の視床下部《ししょうかぶ》にある満腹中枢《ちゅうすう》を刺激して、満腹感を感じるようにして、食欲が抑制される。

レプチンは脂肪細胞から分泌されるから、太っている人のほうが食べすぎずにすむのではないかと考える人もいるかもしれない。

しかし、実際にはそうはいかない。**体脂肪が多いと、レプチンの脳での受容体が鈍《にぶ》くなり、レプチンが働きにくくなるため、食欲を抑えることはできない。**

ダイエットに成功したとしても、怖いのはリバウンドだ。じつは、このダイエット後のリバウンドにもレプチンは大きく関係している。

体脂肪が減ってもレプチンの受容体の感度が元に戻るまでに時間がかかるので、やせてもしばらくは食欲がなかなか抑えられない。

リバウンドしないようにしばらくがんばって体脂肪を減らしていって、はじめてレプチン受容体が正常に戻り、やせるごとに食欲を抑えられるという好循環を導くことができる。

脂肪から出てくる他のホルモンは、TNF-α《アルファ》など動脈硬化や炎症を引き起こす「悪いホルモン」だ。ただ、唯一の善玉ホルモンであるアディポネクチンという物質も分泌される。

このように、脂肪はかなりのワルであることを理解してほしい。ワルの脂肪に負けてはならないのだ！

今日ガマンできた事は、必ず、明日もガマンできる。明日はもっと楽になるはずだ。

ダイエットはむずかしい。まず、空腹と闘わねばならない。毎日、毎食、空腹と闘わねばならないとなると嫌気《いやけ》がさす。ただ、私も体重200キロ超えの患者の入院によるダイエットを多く担当しているが、**空腹はだんだんなくなってくる**という。

まさに、「明日はもっと楽になる」のだ。

ただ、このような入院患者に「がんばってください」は禁句だ。言うほうに悪気はないのであろうが、言われたほうは「毎日こんなにがんばっているのに、これ以上何をがんばればいいのか」と悲しむ場合が少なくない。

そのかわりに「よくがんばっていますねえ。たいしたものです」ということばを使おう。

体重が変わらない人でも、1ヵ月維持しているのであれば、食べたカロリーと消費したカロリーが釣りあっているわけであり、かなりがんばっているわけだ。

これまで太るには太るなりのストレスによるやけ食いなど、何か事情があったはずだ。肥満を全部本人の努力不足としては気の毒だ。

週に一度の総回診の際の「本当にがんばっていますね。また来週お会いしましょう」ということばを励みに、**体重が２４４キロもあった人が、食事療法と運動療法だけで１１８キロまで減量に成功**した例があるのだ。

人はね、本気で困らないと、解決のために努力できないんだよ。ダイエットしたいと思う人は多いけど、思っているだけで「本気で」は思ってないから、いつまでたってもやせられないんだ。

三田紀房《みたのりふさ》は「ドラゴン桜」や「クロカン」などで有名な漫画家だ。三田のことばは、ダイエットしようとして何度も三日坊主で終わっている人におすすめの、「努力」の必要性を再確認させてくれる格言だ。

スリムなモデルや女優、俳優などは、みんなの憧《あこが》れの的だが、見えないところで本当に努力をしているのだろう。

健康的に急にやせてしまうことなんて滅多にないし、むしろ病気の心配が出てくる。**私たちの身体は、偏《かたよ》ってしまった食生活を変えることや、甘えてしまった身体を動かすことで、少しずつ少しずつ脂肪が燃え、筋肉が引きしまり、見た目で感じられる結果を得ることができるのだ。**

自分が本気を出せばいつでもやせられると言っている間はやせられない。「砂糖の甘さ」は「己の甘さ」であるともいえる。

過食の誘惑に負けてしまいそうなこころに活を入れてくれることばだ。ぜひ自分のダイエット心を奮い立たせてみていただきたい。

人は自らの心の持ち方を変えることによって、自分の人生をも変えられる。

このことばを語ったウィリアム・ジェームズはアメリカの心理学者で、意識の研究などで西田幾多郎《にしだきたろう》や夏目漱石《なつめそうせき》など日本の哲学・文学にも影響をおよぼした。

いつも朗《ほが》らかな人もいれば、いつもしかめっ面《つら》をしている人がいる。**人は自分で思うほど、幸福でも不幸でもないのだ。**人の気分や人生の評価なんて、自分自身の考え方で決まるのだ。

自分自身の考え方をちょっと変えるだけで、自分への評価を一変できる。だから、今日からこころの持ち方を前向きに変えよう。

前にも紹介したが、体重が２４４キロもある心不全・呼吸不全の患者さんが、私のところに入院してきた。毎日の体重と歩数を記録してもらうようにしたうえで、**毎日1200キロカロリーの食事と1万歩の歩行**を指示した。すると、体重が１１８キロまで減量し、心不全・呼吸不全が治《なお》ってしまった。

こころの持ち方を変えるだけで、信じられないことを起こせるのだ。

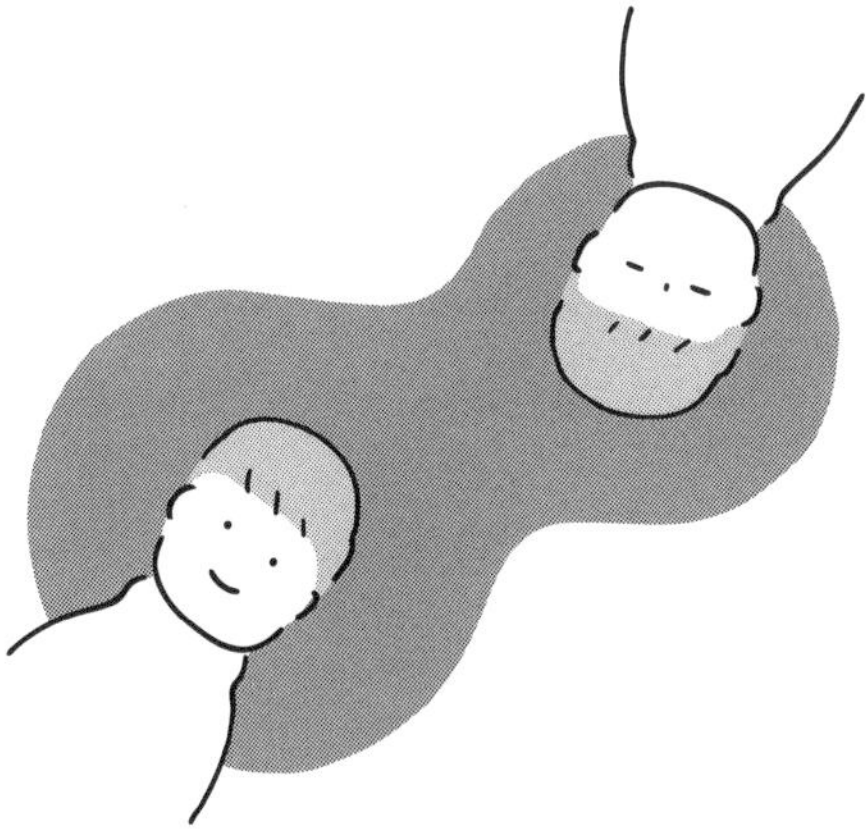

お前はお金で食べ物を買ったつもりかもしれないが、同時に金で脂肪を買っている。

脂肪を買った結果として、あなたの財布はやせるが、あなたは太る。

いったん太ってしまったあとに体重を減らそうとしても、実際はなかなかたいへんだ。１００キロカロリー消費するのに要する運動と時間の関係は、体重60キロの人の場合、軽い散歩や体操で30分、やや強い運動のウォーキング（速歩）で25分、自転車（平地）で20分、ゴルフで20分必要だ。

強い運動のジョギングで10分、自転車（坂道）で10分、テニスで10分、激しい運動のバスケットで5分、水泳（クロール）で5分前後おこなう必要がある。

たとえば、体重60キロの人が25分間早歩きしても、たかだか２５００歩の運動であり、わずか100キロカロリー程度しか消費しない。

脂肪は1キロで9000キロカロリーのエネルギーを生む。ただ水分もあるので、一般的に**体重1キロを減らすとなると7000キロカロリーを消費しなければならない**ので、25分間早歩き（100キロカロリー）の70倍のなんと1750分、約30時間も早歩きする必要がある。

過酷といわれているトライアスロンの競技でさえ、約7000〜9000キロカロリーの消費量、脂肪たった1キロ分にすぎない。

脂肪は割に合わない厄介者《やっかいもの》というわけだ。

脂肪貯めずに金貯めろ。お店で手にとったそのお菓子を棚に戻せば、お金は減らずに脂肪は減らせる。

どう食べるかは、どう生きるか、だ。つまり、食べ方は、あなたの生き方そのものだ。

胃の大きさは、本来は握りこぶし程度だ。ということは、そのくらい食べれば、本当はお腹は膨《ふく》れるはずである。いかに普段食べすぎるかがわかるだろう。

太らない食べ方として、私がおすすめするのは次の3つ。

第一に炭水化物を過剰に食べないようにすること。

炭水化物は糖として吸収されやすく、食後血糖が上昇しやすい。血糖が上昇すると、血管を傷める原因になるし、高血糖を改善すべく膵臓《すいぞう》からインスリンが分泌されて、高血糖後に低血糖になりやすい。血糖が急に下がれば当然また食欲が出てきて食べてしまうという悪循環に入る。

第二に満腹になるまで食べないこと。

『いつまでもデブと思うなよ』の著作などで有名な評論家、岡田斗司夫《おかだとしお》氏によれば、空腹で気持ちが悪い状態をレベル1、満腹のあまりお腹が痛い状態をレベル10とすると、お腹いっぱいで満足のレベル7ではなく、お腹がすいていないという状態のレベル6で食べるのをやめることが重要だそうだ。

第三にお腹がすいてもすぐに食べないこと。

お腹が鳴りだした状態あるいは空腹感を感じる状態のレベル4ではなく、はっきりお腹がすいたという状態のレベル3でようやく食べはじめるべきであるという。冷たい水やコーヒーを飲んだり、散歩したり、ミントをなめたり、気を紛《まぎ》らわすとしばらく空腹感をそらすことができる。

ダイエットにおいて本当に大事なのは、「どうやるか」ではなく、「なぜ太ってしまったのか」という原因を見つけることです。
仕事でも、何か不具合があればまず原因を突き止めてから対策を立てます。
それと同じです。

これは、前項でも紹介した『オタク学入門』などでも有名な岡田斗司夫のことばだ。「レコーディング・ダイエット」を提唱したことでも知られる。

やせている人はお腹が減ったら食べる、太っている人は満腹じゃなくなったら食べるという際立《きわだ》った違いがある。体重と食べたものを記録するだけでダイエットになるように、**自分自身の行動を詳しく記録することは最も簡易にやる気を継続する方法**だ。

私もこの方法で、2ヵ月で5キロの減量に成功した。食べたものを記録するたびに、はたして本当に食べなくてはならなかったのかと自問自答する。

その結果、**お腹いっぱいで満足のレベル7ではなく、お腹がすいてないという状態のレベル6で食べるのをやめることになり、1日の総摂取カロリーを無理なく減らすことができる**からだ。

太っていると見下してくる人に出会うこともある。「見返してやる」という決意でダイエットを始めるなど、動機はなんでもよい。

食べる時間（なるべく何度も噛んで長く食べる）、食べる時刻（睡眠前2時間以内に食べない）、食べる回数（きちんと1日3食食べる。1日1回だとエネルギーが同じでも太りやすい）、食べる内容（食後高血糖になりにくい低糖質ダイエットや、地中海ダイエットがおすすめ）などの工夫をすることで、あまり我慢することなくダイエットできることも知っておこう。

食事は基本的においしいものであり、幸せの基礎なのだから。

ダイエットには「残す勇気」が大切。その一口を食べなければ幸せになれる。

現時点で、最も確実に老化を防ぐ効果があると言われるアンチエイジング方法が「カロリー制限」だ。

猿の実験では同じ年齢の動物のうち、カロリー制限をおこなった動物は老化を原因とする死亡率が、普通の動物と比べてわずか36パーセントだったそうだ。つまり老化による死亡が遅くなるのだ。つまり、**老けたくなければ食べすぎるな**ということだ。

ダイエットには「残す勇気」が大切だ。体重60キロの人が10分（1000歩）早歩きしてもわずか40キロカロリーしか消費しない。おにぎりを半分食べただけで、100〜150キロカロリー、つまり30分も余計に早歩きしないとカロリーを消費できない。

長生きして幸せな生活を送るためには、**お弁当のごはんを半分残す、おにぎりを2個じゃなくて1個にする**などの工夫が必要というわけだ。

美味《お》《い》しいモノはもう一口よりも、もう一噛みを。

これは理にかなった名言だ。もう一噛みしておいしさや食感を楽しんでも、摂取カロリーは変わらないので太らない。また、食べる過程を楽しむことになるうえ、ゆっくりよく噛んで食事することで、**胃腸での消化が早まり、血糖値が少し早めに上がるので、満腹感を得やすい。**

一方、早食いすると、満腹感が出る前に食べ物を胃腸に多量に詰めこんでしまうので、食べすぎのもとになる。

ただし、フルコースの料理のように、一品ずつゆっくり出される料理では注意が必要だ。食事がゆっくり来ることで、常に胃のスペースがいっぱいにならないので、満腹感を感じにくく、つい多く食べてしまい、総摂取カロリーが多くなりやすいからだ。

空腹のときは、脂肪が燃焼しているとき。

食欲を司《つかさど》っているのは、脳にある視床下部という部分だ。ここに空腹感を感じる「食欲中枢」という部分と満腹感を感じる「満腹中枢」と呼ばれる部分がある。食欲中枢が刺激されると食欲がわく。食欲は血糖値と密接な関係があり、**血糖値が80～90mg／dl程度まで低下すると、食欲中枢が刺激される。**

満腹を覚えるときは、脂肪が分解されて血液中に脂肪酸が増えている状態だ。これによりレプチンというホルモンが分泌され、満腹中枢が刺激されて、満腹を感じる。一方、胃の中が空だと、グレリンというホルモンが出て、空腹感を抱かせる。

食欲には、「感覚的な食欲」と「生理的な食欲」がある。**感覚的な食欲を抑える方法は、食べ物を見える範囲に置かないことだ。**買い物をする際にも、安いからといってまとめ買いをせず、必要なときに必要なだけを買うようにする。

生理的な食欲を抑える方法は、血糖値をなるべく一定に保つようにすることだ。生活サイクルを整え、睡眠をしっかりとって血中のグレリンを抑えてレプチンを増やすようにすること。脳内のヒスタミン濃度が低下すると食欲が亢進《こうしん》されることがわかっている。よく噛んで食事をして、ヒスタミンの原料となるヒスチジン（青魚に多い）を多く摂取する。

食事時の最初に食物繊維の多い野菜やきのこ類から食べ、次に肉・魚などのタンパク質、最後に炭水化物をとるように心がける。

脳内のセロトニンの量が減ると、脳はより気持ちよいことを欲する。そのため、食事による快感を得るため食欲がわく。**空腹感を抑えるセロトニンの分泌を促進する方法は、日光を浴びること、規則性のある運動をすること、人とのふれあいを持つことの3つだ。**

いわば**空腹は脂肪の断末魔《だんまつま》。**そう考えれば、空腹時でも食べないで我慢しよう。ただ、ダイエットとなるとついつい極端な食事制限に走りがちだが、ただやみくもに「食べない！」というダイエットではなく、食べる順番や食べ方、量を守ることであまり精神的な負担を感じずにおこなうことができそうだ。

美味しいものを食べるために頑張る。

はじめの頃はやる気でみなぎっていたダイエットも、時間がたつとだんだん続ける気持ちが薄れていって、モチベーションが上がらない。私たちのからだが、ある日突然太っている、なんてこともないように、その逆も然《しか》り。

そもそもダイエットはなぜやるのか？　肥満による糖尿病、脂質異常症、心臓病をはじめとするさまざまな病気の予防や治療のためもあるだろう。ただ、食べることは幸せにつながるわけで、おいしいものを食べるためにがんばっている人も多いと思う。

食欲をコントロールするうえで最も影響力のある因子には、エネルギーレベル、脂肪の備蓄、精神的影響の3つがある。これら3つの要因をうまくコントロールできれば空腹感を和《やわ》らげ、食欲を抑えることができる。以下がそれらを可能にする方法だ。

●食事は何度かに分けて少量を食べる。血中のぶどう糖値を一定に維持することが

可能になり、異常な食欲を抑えることができる

- 十分水を飲む。水は満腹感を得るのに貢献し、空腹感も癒《いや》してくれる
- 一日で最もたくさん食べる食事の前に運動をする。運動は食欲を抑えるので、ジョギングや自転車こぎやウォーキングを、たくさん食べる食事の前にすると、食べすぎずにすむ
- 寝る2時間前から何も食べない
- お腹がすいたと感じたときのみ食事をする。いつもの夕食時間になったという理由だけで、午後7時になったら必ず食事をするというのはやめる

脳科学的には、やる気を出すのはドーパミンというホルモンだ。ドーパミンを分泌するのはＡ10神経という部分で、この部分は「報酬回路」と呼ばれている。

「報酬回路」という名前から想像できるように、報酬＝ご褒美《ほうび》があるとやる気が出るのは子どもも大人も同じ。**やる気を出す自分への褒美を決めるコツは、短期的、長期的に褒美を用意すること**だ。たとえば、短期的にはお菓子、長期的にはブランドバッグなど。褒美は複数あっていい。

50音表を眺めてみよう。「き・れ・い」は「く・ろ・う」の上にある。

理性的な人向けの名言だ。「き・れ・い」はそれぞれ「く・ろ・う」の1つ上にある。

【聞く(hear)】には、身体の部位を示す漢字は1つ、耳しかないけど、【聴く(listen)】には耳＋目、そして心がある。相手の目を見て、心で聴くのだ。また、努力より先に成功が来るのは辞書のなかだけだ。

ダイエットは、はじめはすこしつらいが、「辛《つら》い」と感じているとしたら、つらい状況の中でぜひ一歩、勇気を出して踏みだしてみよう。

ダイエットも慣れればあまりつらいものではないのだ。どうせ何かがんばったところで無理だよ、抜けだせないよ、とあきらめたら「辛」のまま。**なんとか自分を信じて一歩踏みだせた人が、「辛」＋「一」＝「幸」、幸を手に入れるのだ。**

人は「＋」のことも「－」のことも口から言う。「吐く」という字は「口と±（プラスマイナス）」からできている。だけど、苦しいときや夢や希望があるときにマイナスなことを言わないでみよう。一歩踏みだしてダイエットしてみよう。するとマイナスがなくなって「叶」という字ができる。

マイナスなことを口から言わないで一歩踏みだせば、夢や希望が「叶《かな》う」のだ。

1年後の自分を想像！

運動は運動療法といわれるように、医療で重要な治療法の一つだ。**運動は糖尿病、高血圧、肥満、心臓病、脳卒中などの予防になり寿命をのばすし、治療としても用いられる。**

ただ問題は長続きさせるのがむずかしいこと。後述する「らくらく運動療法」や「ながら運動療法」は無理なく継続できる運動だ。

しかし、このような「らくらく運動療法」「ながら運動療法」は、ゆったりした運動だけあって、2～3日でからだが大きく変化するわけではない。そんなときには、毎日少しずつの「一歩」を積み重ねた先にどんな未来が待っているのか、その姿を具体的にイメージすれば、継続しやすい。

心理学で「エミール・クーエの法則」、別名「努力逆転の法則」があり、**がんばるほど不思議とうまくいかない**といわれている。その理由は「意志」と「妄想《もうそう》」が衝突した場合、必ず「妄想」が勝つからだ。

たとえば「運動する」という「意志」と、「継続できない」という「妄想」が衝突すると、妄想が勝つので、運動したくなくなってしまう。つまり、妄想＝失敗への恐怖を減らすことが大切だ。

失敗への恐怖を減らすコツは、成功への期待を増やすことだ。成功への期待が失敗への恐怖を上回った瞬間に、一気に自分の思い通りに行動できるようになるという。

1年後、運動継続がうまくいったときのことをたくさん想像しよう。体重が大きく減り、スタイルが見違えるようによくなり、起居動作もすばやくなって、確実に若返るはずだ。友人、家族からどんな言葉をかけられるだろうか？　そのとき、あなたはどんな服を着ているだろうか？

ポジティブな妄想を増やすほど、失敗への恐怖は少なくなり、自分の意志で自分をコントロールできるようになる。いわば、成功への妄想が意志を強くするのだ。

●らくらく運動療法

運動には、大きく分けて有酸素運動と無酸素運動の2種類がある。有酸素運動は、ウォーキング、ジョギング、水泳など、酸素をたくさん取り入れて脂肪を燃焼させる運動である。一方、無酸素運動は、短距離走や重量挙げなど、瞬発力を必要とする運動だ。有酸素運動と無酸素運動では、からだに与える影響が大きく異なる。

有酸素運動の効果は、寿命の延長、持久力の向上、心・肺機能の向上、体脂肪の減少、肥満の解消、血圧の低下、耐糖能の改善、HDL－コレステロールの増加、血小板凝集能の低下、免疫機能の強化などである。

無酸素運動の効果は、筋肉の肥大、瞬発力の向上、反応時間の短縮などである。無酸素運動では寿命がのびることはない。無酸素運動で得られるのは、酸素負債能力であり、主にスポーツ選手に要求される能力である。

高強度の運動をしたあとは、筋肉がほてり、筋肉痛が何日も続く。炎症を招いた結果である。一方、低～中強度の運動をしたあとでは、逆に炎症抑制効果が発揮される。同様に血管内皮拡張効果をもたらすのは、低～中強度の運動であり、高強度の運動では酸化ストレスが増加するため血管内皮拡張はもたらさない。

「過ぎたるはなお及ばざるがごとし」という先人の格言が運動の場合にも生きているわけである。運動は無理のない強さの「自分に合った運動」低～中強度の運動、すなわち、「らくらく運動療法」がベストの運動なのだ。

●ながら運動療法

忙しい毎日で、運動の時間を改めて確保するのはとても困難だ。私は、職場内でも、会議中でも、デスクワーク中でも、公園でも、喫茶店でも、電車内でも、信号待ちでも、どこでもできる運動で、スキマの時間や、話や仕事をしながらできる、しかも効果のある「ながら運動」をすすめている。楽しみながらやっていくうちに、効果が実感でき、どんどんハイレベルなものに挑戦しようという意欲がわく。

面倒くさい運動は他のものと抱きあわせよう。たとえば、自転車エルゴメーター。抵抗の加えられる自転車だ。主として大腿四頭筋《だいたいしとうきん》を中心とした下肢《かし》の運動で、テレビを見ながら、音楽を聴きながらでもできるので、ながら運動療法としても非常に便利だ。

腎臓《じんぞう》が悪くて透析している患者は以前は安静にしていたが、最近では運動するほうが寿命がのびることがわかり、透析患者にも運動療法がすすめられている。しかし、週に3回、1回5時間の透析のために通院している透析患者が運動するのは時間的にも困難だ。私はこのような透析患者には透析中に自転車をこぐなどの運動をすすめて好評である。

もう一つは、開眼片足立ち訓練（ダイナミックフラミンゴ療法）。右片足立ちで1分間＋左片足立ちで1分間。片足ずつ交互におこなう。

朝昼晩1日3回、これを繰り返す。高齢者は机や椅子につかまりながらおこない、転倒に注意する。片足で立てば、大腿骨頭にかかる力は、両足で立つときの2・75倍となる。1分間の片足起立で得られる大腿骨頭に加わる力は、53分間歩くことで得られる総負荷量（力）と同じと計算されている。

この治療法は、バランスを改善する訓練であるとともに、股関節《こかんせつ》の周囲の骨の強度を増し、下肢の筋力の増強にもなる。私は電話する際にはいつもおこなうように心がけている。

2

身心の掃除法

迷ったら前へ。苦しかったら前に。つらかったら前に。後悔するのはそのあと、そのずっとあとでいい。

プロ野球の名投手であり、名監督でもあった星野《ほしの》仙一《せんいち》のことばだ。

新しいことに挑戦しようとすれば不安になる。未知の世界に踏み入るのだから当然だ。ただ、時間は限られている。**不安になったらとりあえず運動してみよう。**

不安が解消し、前向きの考え方になって、きっとサッカーだってシュートを打つ元気も出てくるだろう。シュートを打つことでたとえ失敗しても、その蹴《け》り加減と失敗を学ぶことで、次のシュートの成功の確率は飛躍的に高まる。

ハーバード大学のジョン・レイティ准教授によれば、**運動をすると、脳の神経伝達物質や神経栄養因子が増え、ニューロンの結びつきがより強固になる。その結果、うつや不安によって起きる海馬《かいば》の萎縮《いしゅく》を防止でき、活動的な生活になって、不安そのものが解消でき、朗《ほが》らかな気持ちになり、認知面にも改善あるいは悪化予防効果がある**という。

いつも朗らかな気持ちでいると、不安が軽くなり、認知症にもなりにくいことが実証されたのだ。

ふたつよいこと さてないものよ

河合《かわい》隼雄《はやお》は臨床心理士制度確立などに尽力《じんりょく》した心理学者である。『こころの処方箋』などの著作で人気を博した。京都大学名誉教授で、文化庁長官も務めた。

これは『こころの処方箋』のなかにある言葉で、この世の中で、ふたつよいことが続くことはあまりないということだ。

河合先生はこのように続けている。

「この法則の素晴らしいのは、『さてないものよ』と言って、『ふたつよいことは絶対にない』などとは言っていないところである。（中略）ふたつよいことは、よほどの努力かよほどの好運か、あるいは両者が重なったときに訪れてくるが、一般には努力も必要とはいうものの好運によることが多いように思われる」

ひとつよいことがあると、ひとつ悪いことがあると考えるくらい用心したほうがよい。

ひとつよいことがあったなら、そろそろひとつ悪いことがあるだろうから、注意しようということで、悪いことを大事になる前に察知できるようになることが多い。

あらかじめ悪いことを覚悟したり、予想できれば、実際それが来ても落ちついて対応したり、我慢したりできるだろう。あるいは前もって損害を小さくすることもできるだろう。

逆に、ひとつ悪いことがあると、そのあとひとつよいことがあると考え、クヨクヨしたり絶望したりせずに生きていくことができるのだ。

「**幸福の総量は決まっている**」ということばも同様の教えだろう。

苦しくなったら、苦しみを味わえるだけ生きているんだと感謝した。嬉《うれ》しい時はまだ喜べるんだと、また感謝した。

バルセロナ五輪で銀メダル、アトランタ五輪で銅メダル、日本の女子マラソン界をリードしてきたマラソン選手、有森裕子《ありもりゆうこ》のことばだ。

笑顔はその人自身によい効果がある。**つらいときに、無理にでも笑顔をつくると、そのつらさを軽くできる。**

ドイツ・マクデブルク大学のミュンテ博士の報告では、箸《はし》を口にくわえるなどして笑顔に似た表情をつくるだけで、脳内で快楽物質であるドーパミン系の神経活動が活発になるので、実際に楽しくなるそうだ。

笑顔になると、リラックスしたときや集中力の高まったときに出る脳波のα《アルファ》波が発生するために気分が晴れて、不安が軽くなり、集中力や記憶力が高まって、変なミスをしなくてすむようになる。

また、**笑顔は相手に伝染する。**相手に微笑みかければ、相手の表情も明るくなる。

東京大学の池谷裕二《いけがやゆうじ》教授によれば、赤ちゃんがそのよい例で、赤ちゃんに微笑みかけると、その赤ちゃんはその表情を真似して、実際に自分も楽しくなることで、「相手の笑顔を真似したら自分も楽しくなった。ということは、相手も楽しかったのか」と、すでに相手の感情を読んでいるのだそうだ。

つらいときや、苦しいときこそ笑顔になろう。

つくり笑いでもいい。口角《こうかく》を上げ、目尻をニッコリとさせれば立派な笑顔といえるのだ。**笑顔は幸せな人生の案内人だ。**

物事には良いも悪いもない。考え方によって、良くも悪くもなるだけだ。

ウィリアム・シェイクスピアは、言わずと知れた『ロミオとジュリエット』『ハムレット』などの作品があるイギリスの劇作家だ。そのシェイクスピアが言っていることばだ。

アメリカでは、奴隷制度があった時代、1200万人以上もの黒人がアフリカから連れてこられたという。しかし、多くの黒人はアフリカからの移送中に食塩と水分の欠乏で死亡してしまった。アメリカにたどり着けた黒人は、体内に塩分を保持する能力が遺伝的に強い人たちだった。

アメリカは世界一の繁栄をきたし、食べ物が、もちろん食塩もふんだんに手に入るようになった。その結果、**かつての遺伝子的に「強い」黒人が、今度は遺伝子的に「弱い」人間になってしまった。**

なぜなら、塩分の多い食事をするようになると、食塩保持能力が逆に欠点となって体内に塩分が貯留し、血液が増えて高血圧になり、脳卒中や腎不全《じんふぜん》などにつながりやすいからだになったからだ。

ある条件下では有利なことが、環境や条件が変わることで今度は不利に働く。個人の努力以外の大きな力が物事を決定することもある。

そう考えれば、現在「不遇」に思っている人でも、「**単にめぐりあわせが悪いだけだ。そのうち、よいめぐりあわせがやってくる**」と、少しこころが軽くなるのではないだろうか。

おもしろきこともなき世をおもしろく

高杉晋作《たかすぎしんさく》は江戸時代末期の長州藩士。幕末に尊王攘夷《そんのうじょうい》の志士として活躍し、奇兵隊など諸隊を創設した。これは高杉晋作享年《きょうねん》28歳の辞世の句だ。

朝の目覚めにテレビや新聞のニュースを見ると、トップはたいてい不景気、犯罪、戦争など嫌《いや》な話題だ。

一日のはじめにこんなニュースを見てしまうと、せっかくの新鮮なこころが滅入ってしまう。子どものときはあれだけわくわく、どきどき楽しかった毎日なのに、大人になってからはわくわく感などどこにいってしまったのか。

あまりに情報が多くなり、人から楽しませてもらおうと受け身になっていないか？人のうわさ話ばかりしていないか？

人生で大切なのは生きた年月ではなく、その年月に**どれだけ充実した生があったかだ**。主体的に一日を過ごせれば、楽しむことはできるはずだ。さらに、自分が楽しくなるような仕掛けをしよう。あなたが本来やりたかったことを思い出そう。

自分から動かなければ何も始まらない。われらは、本来「現代の高杉晋作」なのだから。

白駒《はっく》の隙《げき》を過ぐるが如《ごと》し

このことばを語った荘子《そうじ》は、中国の思想家で、無為自然を基本とし、人為を忌《い》み嫌う道教《どうきょう》の始祖《しそ》とされる。

人生とは、白馬が壁のすきまの前を過ぎ去る一瞬のように、あっという間の期間である。

人生にはやりたいことをやる時間があまりにも少ない。その短い人生をいかに生きるかが大事であり、あれこれ計画を立てるのにぐずぐずしていては無駄に時が過ぎてしまう。

またしてもハーバード大学のジョン・レイティ博士によれば、**行動の遅い人は「不安」が強い**ことが多い。そういう人の脳（扁桃体《へんとうたい》）は、なんでもない状況なのに、生命を脅《おびや》かすような「危機」とみなしてしまって、不安や恐れが膨張《ぼうちょう》する。

それで、行動に移れずにぐずぐずし、住む世界がどんどん狭くなってしまう。その結果、新しいことに取り組むことにますます不安を感じてしまう。いわばこころの悪循環だ。


不安を取り払う解決法の一つに運動がある。**運動は脳内のセロトニン、GABAなどさまざまな神経伝達因子を増やして、不安を軽くする。**

少し不安があっても、とにかく動きだすのがいいことが脳科学的にも明らかになったわけだ。

要するに不安だからこそ、思いきってちょっと動いてみよう。そうすれば霧が晴れるように、こころが軽くなるのだ。

人生は自分探しのためにあるのではない。自分自身を築き上げていくためにある。

こう述べたヘンリー・デイヴィッド・ソローは『森の生活』をはじめ、人間と自然との関係をテーマにした作品で知られる人物だ。環境保護運動の先駆者《せんくしゃ》としても認知されている。

自分探しの旅がブームである。一人で旅行をしながら自分の人生をふり返りつつ、新しい環境に身を置いて、今まで気づかなかった自分を見つけてみようということだそうだ。

私も旅は好きだ。非日常の体験を通して、確かに自分の日常を見つめなおすきっかけになるし、風光明媚《ふうこうめいび》な景色や郷土料理を堪能《たんのう》するだけでも、十分楽しい。

しかし、旅で自分を探せるのだろうか。単に旅をするだけで自分がわかるだろうか。自分の能力の可能性の有無《うむ》や適性の有無は、人生でいろんな経験をしてはじめてわかることではないだろうか。

それでは、自分を探す、つまり自分の目標や特性を探すにはどうすればよいのか？

実際、私の場合は38歳まで自分の目標や特性がわからなかった。さまざまな経験や行動を通して、自分を築いていく過程で、ようやく自分に合った方向性をみいだすことができた。むしろ、それが普通なのではないだろうか。

自分は遠いところに落ちているものではない。今の自分を大事に育てていく過程で、失敗や成功を積み重ねてはじめて本来の自分のよさが明らかになる。

人生は長丁場だ。だから、**自分探しで焦《あせ》る必要はないのだ。**

希望に生きる者はつねに若い。

三木清《みききよし》は京都学派の哲学者で、その著書『人生論ノート』は、かつて多くの高校生、大学生の愛読書だった。これは、そのなかにあることばだ。

私の教室にはスタッフと多くの大学院生がいるため、希望にあふれ、華《はな》やかで活気にあふれている。それを指導する私も、常に若い気持ちでいられる。

一方、昼間から何もせず公園や駅でじっとしている人たちの生気のない顔。定年退職したり、仕事を失ったり、さまざまな事情や背景があるのだろう。家にいても家族に厄介者《やっかいもの》あつかいされ、あるいは失業したのをきちんと言えなくて、公園や駅にいるのかもしれない。

両者の表情の違いに愕然《がくぜん》とする。

脳を若く保つ方法として、活動的であること、人と交わること、それにテレビ観賞以外のリクリエーションをたくさん楽しむライフスタイルが好ましいことがわかってきている。

リタイア後のボランティア活動などは最高のようだ。

自分から動いて活動して相手と接触しないと、何も始まらない。家の前の掃除でもいい。通学路の交通整理でもいい。社会とかかわれば、はじめは怪《け》訝《げん》に思われても、続ければ感謝される。

　ボランティアとしての、自発性、無償性、利他性、先駆性の４つの条件さえそろえば、必ず認められ、感謝される。

大変な仕事だと思っても、まず、とりかかってごらんなさい。仕事に手をつけた、それで半分の仕事は終わってしまったのです。

デキムス・マグヌス・アウソニウスは、帝政末期ローマの詩人、著述家だ。ローマ皇帝グラティアヌスの家庭教師を務めた。その彼のことばを取りあげたい。

何かやろうと思ってもぐずぐずして20秒以上たってしまうと、せっかくの決意がゆらいで、やる気がなくなってしまう。

ハーバード大学のショーン・エーカー博士は、**20秒以内に決意を実行に移す**「**20秒**

ルール」をすすめている。

たとえば枕元にあらかじめ運動着、運動靴、運動器具を置いておくと、目覚めてすぐ準備できるので、運動の決意がゆるがずに取り組めるのだという。

「仕掛け七分」ということばもある。つまり、**すんなりと始めるのに大事なのは準備や段取りだ。**準備や段取りがきちんとしているか否《いな》かで、成功するか否かのほとんどが決まってしまう。

しっかり準備をしておいてから「20秒ルール」を用いて、よい習慣をつけてしまえば、不安も解消し、ストレスが減り、あとは楽しみの多いことばかり。つまり、めざす幸福が近づいてくる。

幸福への道はただ一つしかない。それは、意志の力でどうにもならない物事は悩んだりしないことである。

古代ギリシャの哲学者、エピクテトスのことばだ。

人としてできるかぎりのことを実行したら、その結果は天の意思《いし》にまかせて、心を労さないことだ。

自分の意志でコントロールできないことは気にしない。無駄に悩んでも仕方ない。

「**人事を尽くして天命を待つ**」ということばもある。

人間の努力や行動には限界がある。努力や行動をしたからといって必ず報《むく》われると は限らない。しかし、努力や行動をしなければ運に任《まか》せる資格もなく、報われること もない。

やることをやって、結果はよくないかもしれない。けれど、その結果は自分の責任 ではない。だから、悩む必要なんてないのだ。


未来の結果なんて考えても意味ないし、考えたって結果は変わらない。

結果はどうなるかわからないが、まずはやってみることが大事だ。

その結果は事実として変わらない。

しかし、自分にとっての結果の意味は変えられる。それは、自分のとらえ方次第だ から。

こんな状況では将来がどうなるかなんてわからないのでは？　なんてどうしようも なくなってから考えればよい。

心配しなくても、そうなればまわりの人たちの状況も似たり寄ったりだから。自分 だけがおかしくなってしまうことはまずないから。

心で正しいと思ったことをやりなさい――どうせ批判されるんだから。やればやったで憎まれるし、やらなければやらないで憎まれるんだから。

エレノア・ルーズベルトは、アメリカ合衆国第32代大統領フランクリン・ルーズベルトの妻（ファーストレディ）でアメリカの国連代表、婦人運動家、文筆家でもある。
これはリベラルな考え方を持つ彼女のことばだ。

自らの夢を生きようとしないで、むしろ他人を恐れながら生きている人が多すぎる。

何をしても批判されるなら、自分が正しいと信念を抱けることをおこなっていくしかない。私の人生もいろいろ批判されてきた。

中学の生徒会で、東北の無医村で働く外国人医師の子どもの心臓手術への寄付金募集を呼びかけたとき（「意味がない」）。予備校講習で、周囲に自分は東北大学医学部を受験する旨を伝えたとき（「絶対受からない」）。留学中に新たな追加研究を希望したとき（「同じ給料なのに仕事を自ら2倍にするなんて信じられない」）。内科からリハビリ科に移るとき（「講師から助手に降りるなんて信じられない、不祥事《ふしょうじ》で左遷《させん》されたのか」）。リハビリ科で呼吸リハビリを開始するとき（「忙しいから協力しない」）。新しく腎臓《じんぞう》リハビリを始めて学会を立ちあげるとき（「やる意味がない、すぐつぶれる」）。

とにかく自分の夢や興味があることに向かい、思いのままに行動した。その結果、寄付金が手術に役立ち、大学に合格し、研究成果が生まれ、教授に就任し、国内初の脳死肺移植のリハビリが成功し、腎臓リハビリが普及し、国内および国際学会理事長になるなど、私も含め、**誰も予想しない結果が待っていた**。

いつも応援してくれた両親、兄弟に感謝だ。夫を信じて文句も言わずについてきてくれた、医師であり、子どもの母であるやさしい妻には頭が上がらない。

飄風《ひょうふう》は朝を終えず、驟雨《しゅうう》は日を終えず

「老荘思想」でも知られる老子《ろうし》は、古代中国の哲学者で、荘子とともに道教の始祖とされる。その実在については諸説あるが、東洋思想の重要な一人である。

「つむじ風が朝の間ずっと吹きつづけることはなく、にわか雨が一日じゅう降りつづけることもない。どんな出来事も長くは続かず、絶えず変化していく。人生も同様で、常に変化から逃れられない」という意味だ。**諸行無常《しょぎょうむじょう》**と同義である。

楽しいと、それが永遠に続くことを願う。一方、苦しい、あるいは悲しいとそれが一刻も早く終わることを願う。人はつくづく勝手な生き物だが、どちらも決して長くは続かない。

この言葉を肯定的にとらえるか、否定的にとらえるかは、本人次第だが、私は肯定的にとらえている。

事業の失敗、株の乱高下《らんこうげ》、自身の病気、身内の不幸など、苦しいことや悲しいことは、そのときに絶望し、自暴自棄になってしまわないことだ。**必ず時が癒《いや》してくれるし、そのうちまたいいことも起きるだろう。**

また、楽しいことやうれしいことは長く続いてほしいとは思うが、それに時を置かず慣れてしまっては、そのありがたさを感じにくくなってしまう。人とはそういう生き物だ。

人生はあまりに波乱万丈でも疲れるが、波のない人生も退屈に相違ない。**山あり谷ありが自然**なのだと思う。

虚を致すこと極《きわ》まれば静を守ること篤《あつ》し

これも老子のことばだ。

これは、財産・地位・名誉への雑念や、「これがいい」「あれは悪い」という主義・主張を捨て去って、自分のこころのなかを空っぽにしよう。そうすれば安らいだ平静のこころを守ることができるという意味だ。

山中の一人暮らしならいざ知らず、現在の雑音の多い環境下では、凡人にはなかなかそうはいかないというかもしれない。しかし、**周囲の環境から雑音を減らす努力は可能だ。**

たとえば、メールやネットニュースを見ない時間帯を設《もう》けよう。

今すぐ知らなければならない情報、答えなければならない情報なんてほんの少しだ。

ヘッドホンで音楽を聴《き》くのをやめる時間帯を設けよう。

毎朝、新鮮によみがえった脳に、わざわざ単調で古くさい音や他人の思想を吹きこんで、考えるチャンスを自らなくして、脳を疲労させるなんて、なんともったいないことをしていることか。

持ち物を整理して、カバンを軽くしてみよう。部屋を整理整頓し、特に気に入った衣服を選んで生活するようにしてみよう。

からだが自由になり、部屋が広くなり、こころに余裕が生まれてくる。

無駄な情報を省いて、自分の頭の疲労を解消し、本当に必要な情報を見極《みきわ》め、自分の頭で考える時間を取り戻せば、本当に自分に大事なことが、自然と明らかになるだろう。

感謝

子どもが生まれてから、最高の名言として使っていることばだ。

子どもを授かり無事に生まれたとき、育児に参加したとき、その子どもが大人になるまでにいかに多くの人たちの支援が必要かを実感する。

自分も、両親やその祖先があって存在しているのであり、両親、兄弟、教師、仲間などの支えがあって成長してきた。

職場でも素晴らしい同僚や学生、患者・家族のみなさんに支えられている。

新米医師で研修病院に入職したときには、外来婦長が「採血がうまくいくまで毎日何回でも練習台に使ってください」と自分の腕を差しだしてくれた。

白血病末期の女の子が、亡くなる1週間前に、私に「何のお礼もできないので、せめてこれをもらってください」と手製の壁掛けをくれた。

先輩医師にはもちろん、一緒の医療スタッフや患者さんなど、私がかかわったすべての人たちに感謝以外のことばは見当たらない。

あなたも生かされていることに感謝し、あなた自身が関わるすべての人や環境に感謝のこころを持って生活していけば、必ず周囲から感謝され、幸福になれる。

毎日、感謝を繰り返すことで自然に笑顔になれるし、笑顔になることでさらにこころが豊かになり、余裕も生まれる。

感謝こそ世界共通の重要なことばであり、毎日決して忘れてはならないことばだ。

過去と他人は変えられない。未来と自分は変えられる。

私が特に好きなことばの一つである。

過ぎ去ったことにクヨクヨしていてもどうにもならない。自分の意見が通らないと嘆いてもどうにもならない。なぜそうなったかの反省が終わったら、後は前を見るだけだ。確実なことは、未来と自分は自分の力で変えることができるということだ。

運動能力でも瞬発力と持久力があるが、やる気にも瞬発力タイプ、持久力タイプがある。一歩一歩進んでも、進めるときに集中的に進んでも、自分のやり方で構わない。ただ、忘れてならないことは、**あきらめないこと、やめないことだ。**

少しずつ進んできたことは、小さな成功体験の積み重ねになる。**成功体験が積み重なって大きな自信がつくと、とてつもなく大きな未来と、目を疑うほどに成長した自分が待っている。**

3

現状を変える法

Which step have you reached today?（今日のあなたはどの段階まで到達しましたか？）

スペインの学会に招かれたときに、ユーロフォーラムの会場に貼ってあったポスターの一節。

Yes, I did it!（やったぞ！）
I will do it.（やるぞ）
I can do it.（やれるぞ）
I will try to do it.（やってみよう）

How do I do it?（どうすればやれるかな）
I want to do it.（やりたいな）
I can't do it.（やれないな）
I won't do it.（やらないよ）

「やりたいな」と「やったぞ！」までには、いろんな心理的段階があることをわかりやすく示している。

夢や意欲があるだけでは不十分だ。思うこととおこなうことはまったく違う。伝記や名言集を読むと「やってみよう」という気になる。しかし、一晩寝てしまうと、翌朝は「やりたいな」「やれないな」という低いステージに戻ってしまっていることも多い。

なるべく早く、上のステージに移れるように心がけて、具体的行動を起こすことが重要だ。そのためにはどうしたらよいだろうか？

私は自分の部屋や教室内にこの標語を貼って、**毎日の心理ステージを自己チェックするよう**指導している。

小さいことを積み重ねるのが、とんでもないところへ行くただひとつの道だと思っています。

日本を代表するメジャーリーガーとして、人々にリスペクトされているイチローの発言だ。

太古から、人の赤ちゃんは生まれてすぐは立てない。まして、すぐ歩くこともない。子どもの運動発達には原則があり、頭のほうから足のほうに、中心部から末梢《まっしょう》の手足のほうに向かう。すなわち、まず首が据《す》わり、次にお座りができるようになる。そこから、はいはい、つかまり立ち、伝い歩き、歩行へと順に発達していく。

この間、何度も転んで、泣いて、また転ぶ。これを数えきれないぐらい繰り返して、ようやく生後1年ぐらいで歩けるようになる。

もし、赤ちゃんが「もう転ぶのが痛いから歩くのやめたー」と思ったとしたら、その赤ちゃんは一生歩くことはできなかったはずだ。

人は何度も失敗しながら学習し、少しずつ進歩していくものなのである。しかも、赤ちゃんは黙々と努力してきたのだ。その一人があなた自身だ。

人の潜在能力の素晴らしさを思うとともに、自分が物心つく前からそんなに何度も努力してきたことを思い、感無量《かんむりょう》になるのではないだろうか。

それなのに、私たちはいつからそんなにあきらめやすく、飽《あ》きっぽくなってしまったのだ。

また、初心に返ってみよう。

何度か失敗したからってなんなのだ？　失敗から学んで、赤ちゃんのときと同じように、また挑戦すればいいじゃないか。

敵と戦う時間は短い。自分との戦いこそが明暗を分ける。

一本足打法で本塁打の日本記録を打ち立て、国民的人気を誇《ほこ》った王貞治《おうさだはる》のことばだ。

2016年に開催されたリオデジャネイロ五輪では、日本の選手が多くのメダルを獲得し、連日盛りあがった。陸上の100メートル走などは、たった10秒未満の戦いに、4年間たゆまぬ準備をしてきたことになる。すなわち、戦う時間の大半は、相手は敵ではなく自分なのだ。

人の能力や境遇は各自異なるが、時間だけはほぼ平等に与えられている。その時間を有効に活用することで、よい仕事ができ、結果的に成功を得る。

時間を有効活用するには、集中して一つのことをおこなうことが必要だ。なかなかうまくいかないような人には耳よりの3つの方法がある。

第一に、自分の一日の作業を記録してみることだ。どこに時間の無駄があるかわかるだろう。たとえば、無駄話が多い、メールの時間が長い、整理整頓ができていないので探し物の時間が長い、など。

第二に、やるべき仕事の手順を紙に書いて具体化、明確化することだ。「チャンクダウン」という。「チャンク」とは「かたまり」のことで、チャンクダウンは、かたまりをほぐしていくことをいう。こうすればとりかかりやすくなるし、問題点も見つかりやすくなり、対応策を立てやすい。

第三に、むずかしいなあ、気乗りしないなあと思っても、できるところからとにかく始めてしまうこと。少しでも簡単そうなところから始めていくうちに、意外に仕事が簡単だったり、能率が上がってきたりして、気が重い仕事が精神的に楽に感じられるようになるものだ。

成功率を上げたいなら、失敗率を2倍にすることだ。

ＩＢＭ初代社長を務めたトーマス・Ｊ・ワトソンの技術者らしいことばだ。

文字通り「成功したいなら、失敗のリスクの高いことにも果《か》敢《かん》に挑戦してみなさい。失敗を2倍に増やすぐらいでいいんだ。何もやらない人には成功のチャンスはないのだから」という意味だ。


人は努力をしている限り、失敗を犯すものだ。何度も挑戦する人には、失敗の可能性とともに、成功のチャンスも多く訪れる。

成功した人は、人よりも失敗している。

過去の出来事にクヨクヨすることなく、いったん反省したらそれでよしとしよう。失敗に甘えず、そこからしっかり学ぶことができれば、当然、成功のチャンスが増えるのだ。

未来が残されている間は、クヨクヨせずにまた挑《いど》んでいこう。失ったものなどまた取り返せばよい。

未来でいったん成功してしまえば、過去のそれまでの失敗が失敗でなく、未来の成功の素になり、オセロゲームのようにあなたの過去の失敗の黒を、未来の成功の白で上書きすることができるのだ。

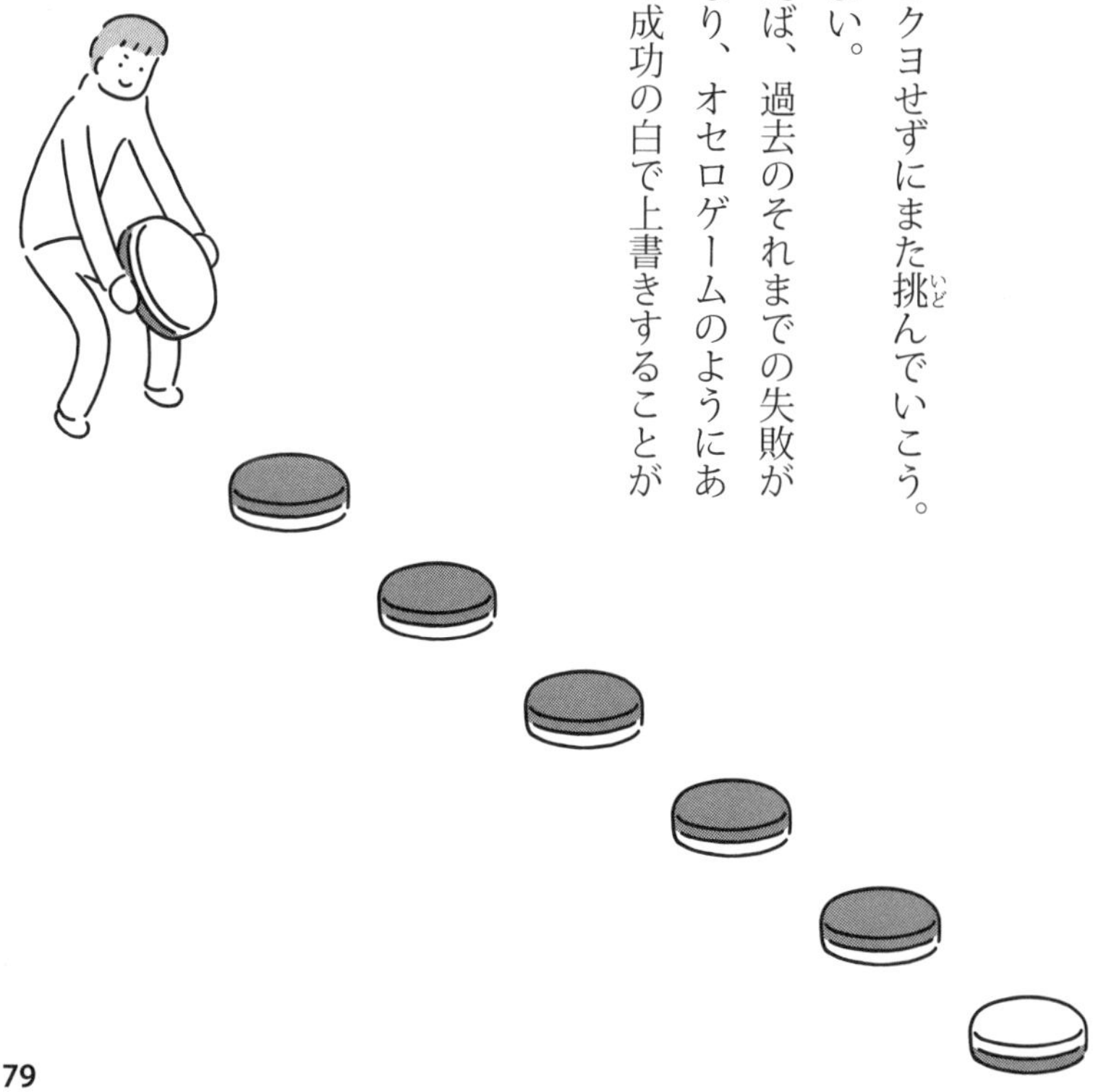

コミュニケーションで最も大事なことは、言葉にならないことに耳を傾けることだ。

このことばを発したピーター・ドラッカーは、ウィーン生まれの経営学者。渡米して、現代経営学を発展させた。「マネジメントの父」と称される。

医療介護の現場では、ことばになっていないことを推測するこころ、非言語的コミュニケーションが重要だ。つまり、言われないことを聞くこと、相手の真意をくみとるということだ。

脳卒中で失語症になった人はうまく話ができないし、心身障害者の人もうまくからだの調子や気持ちを表現できない人は多い。
がん患者が「そんなに心配していないよ」などと口にするのも、本心はことばと裏腹のこともある。

コミュニケーションの基本は、双方向の過程ではじめて成立するものだ。患者が発することばやサインを受けとめ、こちら側がどう理解し、どう感じたかを返答するプロセスによって、共感が深まっていく。

具体的には、**相手の表情や目の動きを見たり、声の調子や呼吸の状況を見たり、うなずいたり微笑んだりして話しやすいように促《うなが》したり、短い沈黙に耐えて傾聴《けいちょう》を続ける、「はい」や「いいえ」で答えられる質問でなく、「いかがですか？」というようなオープンクエスチョンで問いかけてみる**などの工夫で、ことばにしていない相手の本当の気持ちに耳を傾けることが重要だ。

自分が元気になる一番の方法は、他の誰かを元気にすることだ。

マーク・トウェインは『トム・ソーヤーの冒険』などで知られたアメリカの作家だ。

マーク・トウェインのことばを実感するのは、パートナーができたときだろう。

今まで自分のことばかり考えてきたが、パートナーが喜んだり、元気になるのが、自分を元気にすることだと気づく。

そして、子どもができると、もっとそれを実感する。子どもの笑顔に力をもらえる。子どもさえ喜んでくれるなら自己犠牲などなんでもないと思うほどだ。

おまけに、私は医師としても恩恵を受けている。医師の仕事は厳しいが、患者やその家族に喜んでもらえると疲れも軽くなる。

笑顔は伝染するので、相手の笑顔を見ると、自分も笑顔になる。笑顔になると脳内のドーパミン系の神経活動が高まる。

ドーパミンは快楽に関係した神経伝達物質なので、笑顔になると人は楽しくなる。

子どもはよく笑ってくれるので、自分も笑うことができる。だから、自分が元気になるいちばんの方法は、子どもを元気にすることだ。

ただ、子どもが喜んでくれることをしたり、子どもを笑わせることだけで、子どもを立派な人間にすることはできない。

子どもを立派な人間にするのは、子どものためにしてあげたことではなく、子どもが自分でできるように教えることである。

これも合わせて覚えておいたほうがいいだろう。

人間はなにごとも、なにかにしがみつこうとすると弱くなる。

プロ野球でピッチャーとして活躍し、監督も務めた名将、星野《ほしの》仙一《せんいち》が厳しい勝負の世界から導きだしたことばだ（42ページにも星野仙一のことばがあります）。

諸行無常《しょぎょうむじょう》。万物は変転する。職業の変遷《へんせん》、医療にしてもそうだ。

私の少年時代には、魚売り、豆腐売り、スイカ売り、サツマイモ売りなどさまざまな行商人がいた。それらはスーパーマーケットにとって代わられた。

電話交換手、改札口の切符切り、レジ打ちなども芸術的な早業《はやわざ》の人たちがいたが、いつの間にか自動化・デジタル化されていなくなったり、バーコード読み取りで熟練を要さなくなった。

医療にしても、胆石《たんせき》とみると片っ端から外科で開腹除去手術していた時代から、腹《ふく》腔鏡《くうきょう》で開腹せずに除去する時代へ、さらに、手術もなしに胆石溶解剤を飲んで経過観察する時代に変わっていった。

資格をとっても、技術に熟練しても、一生安泰《あんたい》という時代はもはや過去のものだ。**新しい流れを知り、その変化に適応できるように果敢《かかん》に対応していく賢《かしこ》さを持つことが、生きのびるためには必須条件**である。

ミスをしない人間は、何もしない人間だけだ。

これを言っているセオドア・ルーズベルトは、アメリカ合衆国の第26代大統領だ。

ちなみに第32代大統領フランクリン・ルーズベルトの妻で、リベラル派として高名なエレノアは姪《めい》にあたる（エレノア・ルーズベルトのことばは62ページにあります）。


失敗したことがない人間というのは、結局は挑戦したことのない人間だ。

失敗すれば多少はがっかりするかもしれないが、挑戦しなければがっかりどころではない。

せっかくの自分の可能性を無駄につぶしてしまっていることになるのだ。

ミスをしても人生のすべてに失敗したわけじゃない。間違ったやり方をたくさん発見しただけだと思えばよい。だから、つぎにおこなうときこそ、きっとうまくいく可能性が高い。

結局、**何もやらずに失敗も経験しないことが、本当はいちばんひどい失敗だ。**

サッカーだって、シュートを打たない限り点は入らない。

それまで何度外《はず》しても構わない。人生でも何度失敗しても構わない。失敗のなかから成功の方法をつかみ取るのだ。

しかし、自分一人の力には限界があるのだから、他の人の力も結集することによって目的を達成しよう。

自分の持っていない力を持つ人を、どれだけたくさん自分のまわりに引き寄せられるか。そこに成功のヒントが隠されている。そのためには、聞く耳を持つこと、考え方が異なる人をなるべく「排除」しないことが重要だ。

あら探しをする暇があったら、解決策を探せ。

アメリカの実業家で自動車王、ヘンリー・フォードのことばだ。

年をとれば老眼になり、入れ歯になり、杖《つえ》を頼りにする生活が近づいてくる。認知面での不安も出てくる。

年をとることでのあら探しをするのはきりがない。

しかし、**加齢による脳機能の低下は、記憶力と読解力が主であり、経験活用能力や判断力、指導力などは若いときより高齢になってからピークが訪れる。**

目標があって気持ちが若ければいつまでも「青春」だ。

人生はしばしば登山にたとえられるが、心身のピークが山頂だといっているわけではないはずだ。人生が登山なら、年々見える景色が変わるのを楽しむのもまたいいのではないか。

他人《ひと》の考えや行動の批判をすることはたやすい。それよりも、もっといい代案・解決策を探すことがより重要である。
代案・解決策を探すことは、相手の考えやその背景をきちんと理解しようという誠意、さらにもっといい案を出そうと積極的に相手に協力することである。
このような姿勢をとっていれば、会議や組織にとっては、いずれなくてはならない重要な人物になれる。

復讐《ふくしゅう》の最善の仕方は同類にならぬこと。

これは、第16代ローマ皇帝（在位は161－180年）マルクス・アウレリウス・アントニヌスのことばである。彼の著作である『自省録』への評価を通じて、プラトンの時代から学識者にとって理想とされた「哲人君主」の実現例と見なされている。

立派な人もいれば、意地悪な人もいる。

意地悪な人に嫌《いや》がらせをされることもあるかもしれない。その際の最も下手な反応は、直接嫌がらせの復讐をすることだ。

それで一時溜飲《りゅういん》を下げても、相手に恨《うら》まれるのでそのうちまた仕返しをされてしまう。

最も上手な反応は、**無視を決めこんで、相手に合わせないことだ。**そして相手のことなど無視して、本来の自分の目標に向かって、どんどん前進していくことだ。

相手への最善の復讐は、成功を収めることだ。

あなたが、低俗な相手はもうついてこられないほどの高みにあることを、相手に理解させるのが最善の復讐になる。

そううまく無視できないよという人には、慶應大学の坪田《つぼた》一男《かずお》教授の提唱したつぎの方法がおすすめだ。

こころのなかで、その人と自分の間に透明なアクリル板を置いたところをイメージする。

「この板がある限り、相手が何を言っても安全だ、無害だ」とイメージすることで、相手に何を言われても「ゆるがない自分」になるのだという。

これなら別次元の相手になるので無視するのは容易だろう。

才能とは、自分自身を、自分の力を信ずることである。

これを言ったマクシム・ゴーリキーは、『どん底』などで有名なロシアの作家だ。ペンネームのゴーリキーとはロシア語で「苦《にが》い」の意味。社会主義リアリズムの手法の創始者であり、社会活動家でもあった。

オックスフォード大学のヘルベルト・マーシュ教授は、希望の大学にぎりぎりの成績で合格した学生は「この大学では自分は優秀ではない」と自信喪失になりやすく学業成績も悪い、一方、希望の大学に入学できずに1ランク低いレベルの大学に合格した学生のほうがその大学で自信を取り戻して学業成績もいいことを報告した。

「**小さな池の大きな魚効果**」と呼ぶそうだ。

人がなんらかの課題に直面したとき、こうすればうまくいくはずだという解決案を自分が実行できるという自信のことを「**自己効力感**」という。

自己効力感が高い人は、実行しよう、努力しよう、困難に直面しても耐えようという強い動機を持ちつづけることができる。

その自己効力感を高める方法には、次の４つがある。

①これまでも努力によって障害を乗り越えたという体験を持つこと
②同じような能力の人間が努力し成功しているのを見ること
③励まされること
④心身の状態が良好であること

このなかで最も強い自己効力感が期待できるのは①の成功体験だ。成功体験で自分の力を信じる力が強くなるのだ。**小さなことに勝ち癖をつけることが大事なのだ。**

**夢見ることができるなら、
それは実現できるんだ。
いつだって忘れないでほしい。
何もかもすべて
一匹のねずみから始まった
ということを。**

ウォルト・ディズニーはいわずと知れた、アメリカのアニメーターであり、プロデューサー、実業家だ。「ミッキーマウス」の生みの親であり、ディズニーランドの開設者としても有名である。

ディズニーは、最初の会社が倒産し、食べるものもろくにない生活をしていた。その頃に住んだ安部屋に巣くったネズミから、ミッキーマウスを生みだしたという。

くじけないこころで摑《つか》んだアイデアがディズニーランドを生んだのだ。

私がはじめて英語を学んだのは、中学1年のとき。教科書の「ニュープリンスリーダーズ」とNHKラジオ基礎英語がバイブルだった。

はじめて外国人と英会話ができたのは、中学2年のとき。書店にいた外国人に"What time is it now?"と聞いたのだ。書店には大きな時計があったのに、それしか使える英語を知らなかったので、仕方なかった。

中学3年のときには、大阪万国博覧会の会場や修学旅行で行った東京タワーで出会った外国人にサインをねだったりした。

それが、外国に研究留学し、今では英語で講義や講演をし、国際学会理事長として活動するなど、当時ではまったく考えられない生活になっている。

一つ一つの小さな積み重ねが、長い年月を経て大きな成果につながる。もちろん、よき師、よき患者、よき家族、よき同僚、よき環境に恵まれてこその結果だ。

高い志《こころざし》を持ち、大きな目標を立て、日々研鑽《けんさん》していけば、きっといつか目標を成《じょう》就《じゅ》することができる。

人生には二つの悲劇がある。一つは心から欲するものを手に入れられないこと。もう一つはそれを手に入れてしまうことである。

これは古代ギリシャの哲学者ソクラテスのことばである。その教えの中心にあるものは、**人は真理のすべてを知ることはできがたいということ（無知）を知るべきである（無知の知）**というものだ。

オリンピックで金メダルの目標を達成してしまうと、その後かえって苦労するという話を耳にする。

金メダル獲得達成の瞬間をピークに、幸福感はその後、徐々に色あせていく。

人生では、次の目標がなかなか見つからない。

人は幸福に慣れやすく、次第に幸福に飽きてしまうことすらある、悲しいほど面倒な生き物である。

たとえば、おいしい料理を食べる喜び、美人とつきあう喜びだ。初回は幸福感で舞いあがるほどだろうが、2回目にはその感激は減ってしまう。

私などは、知名度抜群の高級シャンパン「ドンペリ」をはじめて飲んだときには、なんと2口目からは特においしくすら思わなかった。手に入れてしまったことで、かえって幸福が減ってしまったのだ。

こころから欲するものを手に入れるべく着実に近づいているという実感を得られる過程こそが、幸福なのかもしれない。

幸福に近づく経過を楽しまないと、結局、幸福のときはいつになってもあらわれないかもしれない。つまり、幸福や快楽を得ようと努力するのではなく、**努力そのもののうちに幸福や快楽をみいだすこと**、それこそが幸福になる秘訣なのだ。

大きな過《あやま》ちを多く犯さないうちは、どんな人間でも偉人や善人にはなれない。

このことばを発したウィリアム・グラッドストンはイギリスの政治家で、生涯を通じて敬虔《けいけん》なイングランド国教会の信徒であり、キリスト教の精神を政治に反映させることをめざした。

人は生きている限り、何度でも間違える。間違えることでほんの少しずつ賢くなっていく。

間違えない人は何もしない人であり、何もしないことが間違いであることに気づかない人である。

一つもばかなことをしないで生きているというような人は、じつは自分で考えているほど賢明ではない。

失敗のもう一つの利点は、まわりの人に感謝する機会を得ることだ。

失敗や挫折《ざせつ》はつらいものだが、そのときにかけてもらった励ましには、大きな温《あたた》かさを感じるし、他人の痛みのわかる寛容で偉大な人物になれるのだ。そして、再度立ちあがって努力して成就した際に感じる充実感や称賛は、ひときわ大きく感じられる。

いつか、失意の経験が、かえって重要な経験であったと胸を張れるときが来る。焦《あせ》らず、腐らず、投げやりにならずに、一歩一歩進んでいけば、きっと成功が待っている。

「**寒さにふるえたものほど太陽の暖かさを感じる。人生の悩みをくぐったものほど生命の尊さを知る**」（ウォルト・ホイットマン、アメリカの詩人）という名言もある。

あおいくま

「どんなときも、**あせらない、おこらない、いばらない、くさらない、まけない**」

みんなが元気になるおまじない。「ない」が5つで「**無**《な》**いないい五訓**」とも呼ばれている。簡単なことばで覚えやすく、忘れない、いい内容だ。

あおいくまには諸説あり、〝あ〟「あきらめるな、あまえるな、あせるな」、〝お〟「おそれるな、おこるな、おごるな」、〝い〟「いじけるな、いばるな、いらつくな」、〝く〟「くじけるな、くさるな、くやむな」、〝ま〟「負けるな（相手に）、負けるな（自分に）、迷うな」などの頭文字として説明されることもある。

ところで「五訓」といえば、ものまねで有名なコロッケさんが熊本から芸能界をめざして上京する際に、お母さんが「おいあくま」ということばを贈ったそうだ。

これも順番を変えれば同じ内容らしい。ひらがなと世間の知恵の見事な合作である。

4

人生の歩き方トレーニング法

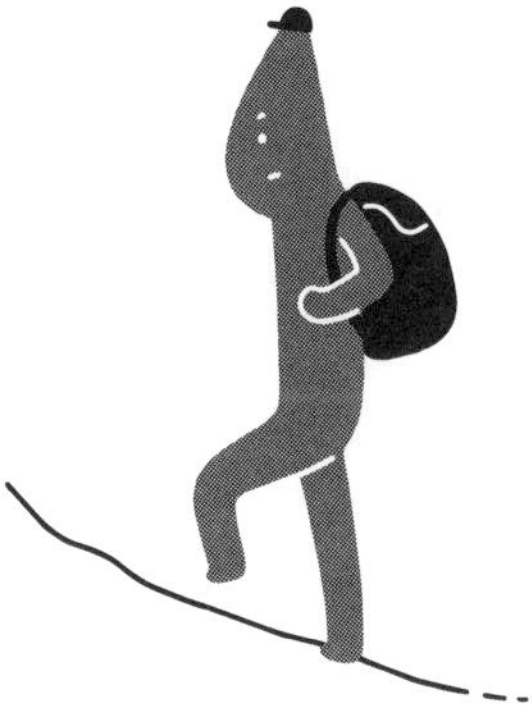

われに三宝《さんぼう》あり。持《じ》してこれを保つ。一に曰《いわ》く慈《じ》。二に曰く倹《けん》。三に曰く敢《あ》えて天下の先《せん》と為《な》らず。

東洋哲学のなかでも注目度の高い、老子《ろうし》のことばだ。

私には3つの宝がある。第一に慈愛のこころ。第二に足るを知ること。第三にどうぞお先にのこころだ、という意味だ。

老子はさらに次のように述べている。

「逆に、慈愛のない暴力、足るを知らない浪費、自分の出世のみを考えていると、いずれは肉体的・精神的に体を損《そこ》ない死に至るだろう」

慈愛に満ちた愛情があると、真の勇気が出る。足るを知るつつましさがあると、私欲がなくてこころが広くなる。どうぞお先にとくだらぬ競争をしないと、許容の範囲が広くなる。

競争が進んで、いいものが安くなるのは歓迎だが、グローバル化で競争が進みすぎると、勝者は数人のみで結局ほとんどの人が敗北してしまうという問題がある。無理して先頭を走ると、風圧をもろに受けて、目的地に着く前に体力を消費し、結局後《おく》れをとってしまう。

老子は「足るを知る」ということばでも同様のことを教えている。ほどほどで満足することを知っている者は、たとえ貧しくても精神的には豊かで幸福だ、という意味だ。

運動療法でも、老子の教えはあてはまる。

適度な運動は血管を若返らせるが、無理して強い運動をすると、活性酸素が多く発生して血管に障害が生じたり、筋肉の炎症が強くなり、結果的に運動のメリットを得られない。また、**筋トレは週に2〜3回が原則で、4回以上おこなうと破壊された筋肉が再生する時間が不足し、筋骨隆々にはなれない。**何事も、ほどほどが肝腎《かんじん》だ。

日常生活の中で、平坦な道のりはない。上に上がっていくには何らかの危険を冒し、何かを犠牲にしなければならないのだ。

Jリーグで監督を務め、サッカー日本代表でも監督を務め、独自のサッカー哲学を日本に注入したイビチャ・オシムのことばだ。

長い人生にはいろんなことがある。楽しいことも多いが、自分や家族の病気、けが、事故、さらには不況や天災など思いがけないことが起こる。

さらに、進学や昇進をめざすには、好きな遊びやテレビ、あるいは睡眠までも我慢しなければならないこともあるだろう。

一人で決断を下さなくてはならない場面で、友人の存在は大事だが、必ず近くにいてくれるとは限らない。そのような際には、この本で紹介するような名言がきっと役に立つ。

きっと今のあなたにピッタリの名言が見つかり、勇気がわいてくるだろう。

そうなれば、新しいことを始めるのは怖くない。**怖いのは、新しいことを始めなくなることだ。**

吉報の配達人になると、人生が豊かになる。

これはビジネス書などを数多く出している千田《せんだ》琢哉《たくや》が著書『ギリギリまで動けない君の背中を押す言葉』の中で言っていることばだ。

ハーバード大学の研究に次のような報告がある。**日々接する友人の幸福度が高ければ、自分の幸福度が15パーセント高まる。**

幸福度の高い友人が１人増えるごとに、自分の幸福度が９パーセントずつ高まる。

一方、不幸だと感じている友人が１人増えるごとに、自分の幸福度が７パーセントずつ低下する。

いい話を持ってきてくれる人と会えば、誰でも楽しくなるとなれば、それだけで吉報をもたらす人に他人が集まってくる。

人が集まれば、その人からいい刺激をもらえるので、はじめに吉報をもたらした人は幸せになれる。

「類は友を呼ぶ」ともいう。気の合った者や似通《にかよ》った者は自然に寄り集まる。なるべく前向きで明るい人と友だちになろう。そのためには、自分自身もそうでなければならない。

どうしても吉報が見つからず、配達するものが見つからない場合も困ることはない。

口角をぐいと上げ、すてきな笑みを配達しよう。

笑みをたたえると楽しさがこみあげ、いい考えも出やすくなる。そこで物事のいい面をみいだして、人々に楽しい情報を届けよう。

あなたの笑顔を見れば、相手も笑顔になり楽しくなる。「類は友を呼ぶ」を実践できるのだ。

夢七訓

夢なき者は理想なし
理想なき者は信念なし
信念なき者は計画なし
計画なき者は実行なし
実行なき者は成果なし
成果なき者は幸福なし
故に幸福を求める者は夢なかるべからず

第一国立銀行（現みずほ銀行）、七十七銀行、東京海上火災保険、キリンビールなどといった多くの企業の設立・経営にかかわり、「日本資本主義の父」といわれた渋沢《しぶさわ》栄一《えいいち》の名言だ。

さすがに、スキのない理路整然とした名言である。

「夢↓理想↓信念↓計画↓実行↓成果↓幸福↓夢」という夢のサイクルが一回転して、また夢に戻る。

夢が実現したら、新しい夢を見ていけばいいのだ。一回転後の夢は、最初の夢の何倍にも大きなものになっているはずだ。

このステップを一歩ずつ着実に実践していける人は、本当に素晴らしい。確実にステップアップし自己実現に近づいていける人なのだ。

お客さんに喜んでもらって
お金を稼ぐのがプロ。
自分も楽しくやって、
見ている人を魅了して、
夢を与えられるようになりたい。

野茂英雄《のもひでお》はトルネード投法で有名なプロ野球選手。アメリカ・メジャーリーグでも活躍した。その彼が自著『僕のトルネード戦記』のなかで語っていることばである。

仕事を楽しくおこなうふりをするというのでなく、実際に楽しくおこなって、見ている人に夢を与えられるのが本当のプロだ。

人生の理想は自己実現だ。

自己実現とは、自分の目的を成し遂げること。ひいては、好きなことをやり、それで食うことができ、人から感謝されることだ。

超高齢社会のわが国では、リハビリの必要性はますます大きくなっている。しかし、リハビリ科医やリハビリ関連職の絶対数は圧倒的に不足している。**私のミッションの一つは、リハビリ科医やリハビリ関連職の仕事の重要性を伝えて、その数を増やすことだ。**彼らは障害を持った人や高齢者の強い味方だ。

彼らは歩けない人を自力で歩けるように、たとえひとりで歩けなくても、装具や車いすで行きたいところに行けるようにしてくれる。字が書けなくても、意思疎通《いしそつう》が楽にできるようにしてくれる。むせる食事も、うまく食べられるようにしてくれる。

まさに、患者やその家族にとって、なによりも強い味方だ。楽しくやりがいのある仕事だ。こんなに素晴らしい仕事に従事する人が、もっともっと増えてくれることを期待している。

創造し続けようと思う人間には、変化しかあり得ない。人生は変化であり、挑戦だ。

このことばを発したマイルス・デイビスは、「ジャズの帝王」「モダン・ジャズの帝王」と呼ばれ、ジャズ界を牽引《けんいん》したアメリカのジャズトランペット奏者だ。

私は医師になってから、自発的あるいは強制的に、転々と職場を替わってきた。今の職を得るまで総合病院に2年、他県の総合病院に1年、大学病院に約3年、留学先に2年半、帰国後、大学と施設に3ヵ月、御礼奉公として他県の総合病院に1年、大学病院内科助手・講師（非常勤）として4年半、リハビリ科助手として2年、講師として2年半と、7ヵ所の職場勤めをしてきた。

職場では当然ながらそこで必要なこと、すなわち前の職場とは異なったことが要求された。

はじめはこれまでの経験を否定されるように思えて、戸惑いの連続だったこともある。一緒に移動してきた家族も、環境やつきあう人たちが変わってたいへんだったはずだ。

しかし、その先々で新しいことを学び、試行錯誤を繰り返したことは、変化であり挑戦だった。

変われないというのは思いこみだ。人はいつでも変われるし、むしろ変わらなくてはならない。

これらの豊富な経験を通して、柔軟な考え方が身につき、いつしか貴重で斬新《ざんしん》なブレークスルー（大躍進期）を呼ぶのだ。

親の方が
子供から得ることが
よっぽど多いですよ。
それと同じで、
教えるということは
とても勉強になる。

小澤征爾《おざわせいじ》はボストン交響楽団、ウィーン国立歌劇場などで常任指揮者をしてきた、世界的な指揮者だ。後進の指導にも力を入れている彼ならではのことばだ。

親が子どもに教えるためには、親自身がよく学んでいなければならない。親はどうしたらうまく子どもに教えられるかもトレーニングしなければならない。
また、親はなぜ子どもがそれをおこなわなければならないかも改めて知らねばならない。**親になることはむずかしくないが、親であることは非常にむずかしい。**

それでも、子どもの親であることはとても楽しい。親が教えたときの子どもの興味津々《しんしん》な反応や大喜びの反応を見るのは、親にとってとてもおもしろく、親自身も子どもと一緒にあれこれ勉強できるのも楽しい。

これは、教師と学生の関係、医師と患者・家族の関係でも同様だ。自分を磨《みが》くうえでとても大きな経験・財産になる。

相手に教えるのが嫌《いや》な人、苦手《にがて》な人もいる。相手がなかなか覚えてくれないという人もいる。これは、教える努力や教え方に対する工夫が足りないにすぎない。
教えることをやめてしまっては、自分の貴重な思想や技術を広める機会を放棄しているのみならず、自分自身が成長する貴重な機会を放棄していることにもなる。

人がこの世に残せるもののなかでいちばん大事なものは、人そのものなのだから。

特別なことをするために特別なことをするのではない、特別なことをするために普段どおりの当たり前のことをする。

前にも取りあげたが、アメリカ・メジャーリーグで活躍している、日本を代表するプロ野球選手、イチローのこのことばは、健康維持にもつながる。

私は、そのことを痛感し、**「要介護認定にならない10ヵ条」**を提唱している。

①〈食事〉かび・焦《こ》げ・熱すぎは口にせず、塩分・脂肪控えて、ビタミン・食物繊維は多めに、変化をつけてバランスよく、腹八分目。

②〈運動〉動こうよ、手足動かし、脳刺激、健康の人も病気の人も、早期開始が効

果的、過度の安静逆効果、みんなで防ごう閉じこもり。行動広げるデイサービスや機器の活用。
③〈摂生《せっせい》〉朝起きてまずは着替えて身だしなみ。日焼けを防ぎ、清潔にして、深酒とタバコやめれば病《やまい》なし。
④〈健診・治療〉肥満・高血圧・不整脈、糖尿・脂質異常、早めの治療と定期健診。
⑤〈転倒予防〉気をつけよう、骨折や頭の打撲《だぼく》。急がずに、体力・手すり・杖《つえ》・履《はき》物《もの》で身を守る。
⑥〈興味〉好奇心、前向き人生、いつまでも。
⑦〈趣味・日記〉考えて、まとめて表現、よい習慣。
⑧〈人間関係〉細やかな、気配《きくば》り欠かさず、おつきあい。感謝のこころ忘れないあなたの笑顔が社会の光。
⑨〈若さ〉老けこむな、おしゃれ心を、忘れずに。
⑩〈ストレス対策〉クヨクヨと考えこまず、ためこまず。睡眠・休息とって趣味を楽しむ。

幸運の女神は誰のドアでも一度はノックして訪ねてくるが、大体の場合、男は近くの酒場に行っていてノックが聞こえない。

アメリカの作家、マーク・トウェインが語っていることばだ（82ページにもマーク・トウェインのことばがあります）。

長生きしたいという望みは昔から古今東西、身分にもかかわらず普遍的な望みである。不老不死の薬はまだできていないが、それでも寿命をのばす方法はだいぶわかってきた。たとえば、**喫煙しなければ統計上は寿命が5年のびる。定期的な運動習慣があれば寿命が5年のびる。糖尿病にならないように節制すれば、脳卒中、認知症などでの介護を要さない健康寿命が15年ものびることがわかっている。**

禁煙、運動、減塩、適正体重の維持、飲酒量の制限など、地味で面倒な生活習慣がじつはみんなの望む「長寿」の秘訣なのだ。

仕事でも地味で面倒そうなものが、じつは将来にとても大事なことが少なくない。私の「女神」は留学中におこなった追加の仕事だ。面倒で実験室の誰もが拒否した仕事だった。

私は「その仕事をやりたい」と手を挙げた。それまでの仕事と並行しておこなったので、給料は変わらないのに2倍の忙しさになり、周囲からは変人扱いされた。しかし、その結果は一流の英文雑誌に掲載され、その後の研究者としての道が開けた。

幸運の女神は誰にでも何度かは来る。しかし、多くの人々は、そのチャンスに気がつかないか、チャンスを生かすだけの勇気や根性がない。

普段から地味な自己修練をおこなっておくこと、面倒なことにも積極的にかかわることで、思いがけない大きなチャンスにつながることになる。

なりたかった自分になるのに、遅すぎるということはない。

ジョージ・エリオットは、ヴィクトリア朝を代表する女流作家で、心理的洞察と写実性に優《すぐ》れた作品を発表した。その彼女のことばだ。

なりたかった自分になるならまだ間に合うよ。年齢を理由にあきらめるな。これからでも寸暇《すんか》を惜しんで効率を上げて励めばよい、健康に注意して長生きすればよい。元気がわいてくる、うれしくなることばだ。

あわただしい毎日が続いて、あっという間に年をとる。なぜ自分はこんな仕事をしているのか。自分の夢はなんだったのか。今いるところが本当に自分のいるべき場所なのか。立ちどまって考えてみよう。

夢がないなら今からつくろう。さもなければ他の人間に雇われて、彼らの夢をつくるはめになる。

「やりたいことがあるが、もう遅い」「あのときやっておけばよかったのだが」という人は多い。そういう人がブツブツ言いながら、ダラダラ暮らしているのを見るのはつらい。

今からでも、とにかくやってみたらどうなのかと言いたくなる。始めてみると意外にできるものだ。やってみてあまりおもしろくなかったとしても、その後のブツブツがなくなるだけでも収穫だ。

だから、もうとにかく、誰かの意見ばかり気にするな。**他の誰かの人生を生きるなんて無駄な真似はよしたまえ。**

七転び八起き

このことわざは、何度失敗しても、あきらめずにまた勇気を奮い起こして立ちあがることを示すとともに、浮き沈みの激しい人生のたとえだ。

英語では"Life is full of ups and downs."という。

しかし、この世の中で、転んだままあきらめてしまう人のなんと多いことか。多くの人が、あと一歩の努力と、あと少しの辛抱で、成功できるというときに、計画を放棄してしまう。悲劇は人間が負けることなのではなく、もう少しで勝つのにあきらめることなのだ。

作家の三島由紀夫《みしまゆきお》は、若いときは病弱で、やせこけ、運動音痴《おんち》であったという。徴兵検査では第二甲種合格とされ、貧弱な体格を国家に認定されたと屈辱感《くつじょくかん》でいっぱい

だった。

三島は、この屈辱感をバネにして、終戦後にボディビルでからだを鍛《きた》え、筋金入りのからだを手に入れた。

ノーベル文学賞候補と目されて順風満帆《じゅんぷうまんぱん》のように見える人でも、人知れず挫折《ざせつ》や失敗を味わい、それをバネにして生きてきたのだ。

長引く不況のためか、早々に「安全地帯」に逃げこんで、一生安楽な生活を希望する若者が多い。しかし、人生も社会環境も常に変化する。

はじめから逃げを選ぶようでは、その後の社会環境の変化に対応できず、苦しい生活に追いこまれていくのをご存じだろうか。

故郷を離れたことのない人間は、偏見に満ちている。

カルロ・ゴルドーニは、ヴェネツィアの劇作家。従来の仮面即興劇に対して、仮面に頼ることなく、社会条件に規定された個人としての登場人物を描き、台本に定められた通りを演じるものとした。

カルロ・ゴルドーニがいうちょっと「偏見」のあることばだが、名言であることに変わりはない。

私は故郷の山形を離れて40年になる。大学卒業後の一時期、故郷で内科医としてバリバリ仕事をし、何でもできるような万能感を得て有頂天《うちょうてん》になっていた。そんなとき、ある先輩に、「君より優秀な医師を見ないと、君は不遜《ふそん》な医師として終わってしまう。大学病院に戻りなさい」と諭《さと》された。

私自身、大学に戻ったのちも、国内外の行く先々でたくさんの気づきがあり、己《おのれ》の無知を知って視野が広がった。あのときの先輩のことばがなかったら、私の今の人生はないと感謝している。

インターネットやテレビなどで、世界の情報が瞬時に伝わる時代になった。故郷を離れなくても世界の動きが一見つぶさにわかる。しかし、これらの媒体《ばいたい》での情報は、現地での生《なま》の状況とは微妙に異なる。媒体では、ショッキングなこと、一風変わったことを重点的に取りあげる。いいことは悪いことよりニュースになりにくい。

この頃は、わが国の若者の留学がめっきり減ってしまった。**仕事でも研究でも視野を広く持ち、複眼的な思考ができることが大切だ。**

海外留学でも国内留学でもいい、若者は狭い世界にとどまらず、ぜひ違う世界を見てほしいと思う。

初心の人、
二つの矢を持つことなかれ。
後《のち》の矢を頼みて、
初めの矢になほざりの心あり。
毎度ただ得失なく、
この一矢に定むべしと思へ。

日本三大随筆の一つとされる『徒然草《つれづれぐさ》』の筆者、吉田《よしだ》兼好《けんこう》が弓の師匠に言われたことばだ。

弓の初心者は、矢を射るとき二本の矢を持ってはならない。二本目の矢をあてにして、最初の矢をおろそかにしてしまうからだ。

「二本目はない」「次はない」と、この一本の矢で仕留めようと思うように練習するのが、物事の上達のコツだ。

私は学生時代に弓道を少しばかりかじったせいか、現在、医学部弓道部の部長をしている。私の学生時代とは大違いで、１００名近い部員が早朝から深夜まで誰彼となく弓道場で自主的に弓を引いている。

その克己《こっき》心《しん》、自己統制力には頭が下がる。東日本医科学生総合体育大会や全日本医科学生体育大会王座決定戦などで何度も優勝しているのは、このような普段の努力の賜物《たまもの》だ。

一日一日、一本一本、一瞬一瞬に集中し、大事に生きる姿勢は、彼らの今後の人生にも大きな力となるはずだ。

5

病気や死に対する法

病気って、魔法みたいに、
全く気づかなかった人生のとってても大事なことを、
いとも簡単に気づかせてくれるということもある。
例えば、家族の暖かさだとか友達の優しさだとか、
その当たり前の身の回りにある事が
どれだけ大事なことか、
どれだけ素敵かっていうことをね、
すごく簡単に気づかせてくれるんですよ。

須磨《すま》久善《ひさよし》は「改良型バチスタ手術」などで有名な心臓血管外科医だ。その彼が言う。病気になってみて、家族や友人のありがたさに気づかされることが少なくない。その意味では、**病気になることは必ずしも不幸ばかりというわけではない。**一方、家族をないがしろにして愛人のいる人が病気になり大きな障害を抱えたとたん、家族にも

愛人にも捨てられることもある。病気になった当人のそれまでの行状次第である。

リハビリは障害を有する人の強い味方である。リハビリの世界では障害を「心身機能・構造」「活動」「参加」に分けて考える。これに「健康状態」「環境因子」「個人因子」が加わる。

脳卒中で右の手足が動かなくなる。入院して血圧などを安定させ命を救うことはできるが、あとはすべてリハビリの出番となる。

仕事や自宅で手紙を書いたりができなくなる困難を減らすために、麻痺《まひ》の改善、左手の書字練習やパソコン操作習得、下肢《かし》補助装具の使用、車の片手運転、階段への手すりの設置、入浴サービスの利用などさまざまな「手段」を用いて、復職や在宅復帰、手紙の作成を可能にする。

同じ脳卒中の麻痺でも、その人の職業、家屋構造、家族の有無《うむ》、膝《ひざ》の状態などで用いる「手段」が異なる。その人と相談しながらいちばん適切な手段を選んで指導していくのがリハビリ専門職の役割となる。

リハビリにかかわる職業は、患者本人や家族・介護者から感謝される幸せな職業だ。

時間には限りがある。だから、誰かの人生を生きることで浪費すべきではない。

スティーブ・ジョブズは、アップル社の共同設立者で、誰もが知るiPod・iPhone・iPadを世に送りだした。

これは、2005年にスタンフォード大学の卒業式でおこなった有名なスピーチの一節。その1年前に、彼はがんのために余命3〜6ヵ月と宣告されていた。死を現実のものと感じた体験で、「時間」をより強く意識するようになったのかもしれない。

現代社会は、素朴に生きにくくなっている。若者たちの多くがスマホやネットに縛《しば》られている。いつも誰かとつながり、誰かにせかされている。いつもスマホを見つめ、自分を見つめることから遠ざかろうとする。

あなたの時間は限られている。だから他の誰かの人生を生きるなんて、無駄な真似はよせ。

現実と仮想現実はまったく違うのだ。自分に起きることは平凡なことでもいいじゃないか。現実をきちんと見つめよう。

草原の輝きや満開の桜を見ることもなく、いや気づくこともなく、時間をやり過ごす愚行はやめよう。そして**五感を研《と》ぎ澄ませば、平凡に見えていた現実が、今度は本当に見違えるように美しいものに変わっていく。**

人生は公平ではない。そのことに慣れよう。

ビル・ゲイツはマイクロソフト創業者で、慈善活動家でもある。コンピュータソフトMicrosoft Windowsの開発者として知らない人はいないだろう。その彼が言っていることばだ。

福沢諭吉《ふくざわゆきち》の「天は人の上に人を造《つく》らず、人の下に人を造らず」ということばはあまりにも有名だ。

人は、身分の上下、家柄、職業などで差別されるべきではないということだが、能力や環境が公平とは言っていない。人の顔や髪の毛の色が違うように、能力が違うのは言うまでもない。日本と北朝鮮、アフリカの環境が公平であるはずもない。日本に住む私たちも、それぞれ能力や境遇は公平ではない。

私が小学生のときに「知能検査」があった。積み木を回転させたり、引っくり返したときにどれが同じ積み木かという問題は、いつもうまくいかなかった。専門的には「動作性知能」といい、新しい状況に適応する能力と関係が深いそうだ。

「知能検査」なんて人間の知能全体のごく一部を計測しているにすぎない。しかし、それなりに役に立った。つまり、医師になって、手術で左右を間違えたら致命的になってしまう整形外科や脳外科などを選ばなかったのだ。

自分の能力や境遇を悲観して腐っても何も始まらない。**自分自身の置かれている立場を冷静に客観的に評価することが重要だ。**

そこではじめて自分の能力や境遇での特徴がはっきりし、自分の目標をどう設定し、自分がどう生きていくべきかが見えてくる。

生き残るのは、最も強い種《しゅ》ではない。最も賢い種でもない。環境の変化に最も敏感に反応する種である。

これを言っているチャールズ・ダーウィンは、『種の起源』などで知られるイギリスの生物学者である。

わが国は今、終身雇用・年功序列が過去のものとなり、有名大学や有名企業のブランドが崩壊している。

いい学校、いい会社に入り、定年まで勤めあげて、いい老後を望むという方程式はとうの昔に消滅した。

さらにグローバル化の波に翻弄され、熾烈《しれつ》な競争にさらされつづけるために、**勝ちつづけられる人はほんのわずかになってしまった。**

まさに、このダーウィンのことばが人間同士にも当てはまる時代になった。われわれも「進化」しなければならない時期を迎えているのかもしれない。

しかしそれは個人の能力のレベルではなく、集団としての能力による。昭和30年代に年間交通事故死者が日清戦争での死者（2年間で約1万7000人）を上回った「交通戦争」や1970年代までの高度経済成長期の「四大公害病」も、わが国は集団で努力して解決してきた。

変化に最も反応できてきた種として、これからも誇《ほこ》りを持って対処していけば、必ずやこれからもうまく生き残れると信じている。

リハビリマインド

「リハビリマインド」とは、**脳卒中や心筋梗塞《しんきんこうそく》などの病気になったときに、単に麻痺《まひ》の回復や歩行訓練をおこなうだけでなく、日常生活でのさまざまな動作能力を高め、家庭や社会での役割を取り戻したり、その自立を促《うなが》すことでその人らしく生きる権利を取り戻すことを目的とした考え方**だ。

リハビリ科では患者・家族もそれを支えるリハビリ科医や関連職員も、このような共通の目標を持ちながら活動している。

リハビリの世界は感謝に満ちている。患者家族は献身的に支えるリハビリ科医や関連職員に感謝し、リハビリ科医や関連職員はチームに感謝し、仕事に対して感謝してくれる患者・家族に逆に感謝する。

このような感謝の連鎖《れんさ》が、リハビリ科やリハビリ病棟を明るくし、実績の向上につながっていく。

超高齢社会のわが国では、リハビリや介護福祉の必要な人が増えている。野村総研の推計では、10〜20年後に国内労働人口の49パーセントに当たる職業について、人工知能やロボットで代替《だいたい》される可能性が高いが、リハビリ医療の職種は、代替の可能性は低い職種の例に入っている。

リハビリマインドは、もはやあらゆる医療・介護の領域で必要な考え方だ。

現代では職業は細分化され、労働の対価としてのお金が自分の銀行口座に振り込まれても、自分の労働がどのように社会に貢献しているか実感しにくくなっている。

繰り返しになるが、医療や介護に関する職業は、相手に直接深く感謝されることがあるだけに、幸福な職業だ。

出《い》ずれば生、入れば死

前にも登場したが、古代中国の哲学者で道教《どうきょう》の始祖《しそ》とされる老子《ろうし》のことばだ。

世の中の人が「いい」と言っている考え方から、あなたが抜け出ることができれば、あなたは自由に生きることができる。

世の中の人が「いい」という考え方にあなたものめりこんでしまえば、あなたは自由を失って死んだようになるという意味だ。

常識的な考え方から出て、ヒトは自由になる。常識的な考え方から出て、新しい試みをすることができる。

その逆は、「長いものには巻かれろ」という私の大嫌いなことばだ。

「長いものには巻かれろ」では、第一に世の中が変わらない。第二に自分の意思《いし》を捨てねばならない。

「長いものには巻かれろ」では、攻撃されないという一時的な安らぎはあっても、それは、結局は隷属・従属にすぎず、自発的に道を拓《ひら》く楽しさは永遠に味わえないであろう。

時期を待ったり選んだりすることも必要だ。しかし、あまり長く待っていては人生そのものが終わってしまう。

周囲に迎合ばかりせず、あるときには、果《か》敢《かん》に飛びだしていかなければ何も自発的な成就《じょうじゅ》は得られない。

人間以外の全ての動物は、生きる目的は楽しむことだということを知っている。

このことばを言っているサミュエル・バトラーは、イギリスの風刺《ふうし》作家である。チャールズ・ダーウィンの『種の起源』に対する進化論批判者としても有名だ。

小学生のときに、コロと名づけた犬を飼っていた。コロはうれしいと尻尾《しっぽ》を振り、じゃれつき、その感情が正直なので、誰からも愛された。ウサギも飼ったが、コロほどなつかなかった。

コロは母が与える食事のほかに、隣近所を一周していろんな食べ物をもらっていたらしい。放し飼いが黙認されていたいい時代だった。

人も幼児期はよく笑い、よく泣き、その純真さはみんなに愛される。しかし、成長するにつれて笑いが減り、しかめっ面《つら》をすることが多くなる。それればかりか、権利の主張や要求が過大になり、感謝のこころを忘れがちになる。

これらはすべて大人を真似した結果だ。

大人になると、いつの間にか、生きることは楽しむためだということを忘れがちになる。

大人になるということは、結局はそういうものかもしれない。しかし、犬は大人になっても結構、正直にふるまっている。

人も犬のように、生きることの楽しさやありがたさを味わう、初心に返ってみることも必要なのではないだろうか。

病気は「気の病《やまい》」と書くように、心と深く関係しています。心は、肉体にさまざまなかたちで表れてきます。次々と新しいことにチャレンジしていく人は、どれだけ忙しく働いても見た目にも疲れを感じさせません。

枡野俊明《ますのしゅんみょう》は、禅僧であると同時に「禅の庭」の創作で、世界的に注目されている庭園デザイナーでもある。その彼が語っていることばだ。

疲れには2通りある。それぞれ疲れの取り方が違うので注意が必要だ。

「からだが疲れる」の場合は、睡眠時間が短い場合や過度の運動による場合が当てはまる。この場合は睡眠をとることが必要である。

「頭が疲れる」の場合は、心的飽和《ほうわ》だ。勉強での疲れはこれだ。かなりの強度の肉体労働でもないかぎりは、ほとんどの疲れはこちらだ。その場合は１６７ページで述べるような気分転換でよみがえることができる。

疲れた、もうダメだとは思っても、そこからどれだけやれるかで勝負が決まる。そのためには自分なりの「**気分転換メニュー**」を利用して、「もう一歩」さらに努力を続けてみよう。そうすれば気分も一新するだろう。

明日死ぬと思って生きよ。不老不死だと思って学べ。

ガンジーは、「非暴力、不服従」で知られるインド建国の父だ。そのガンジーが言っていることばだ。

明日死ぬかもしれないと悲観的になれということでは、もちろんない。明日死んでも悔《く》いのないように、今日を全力で生きろという意味である。

確かに、明朝、自分が無事に元気に起きてこられるかどうかなんて本当は誰にもわからない。

「**今日という日を人生最後の日であるかのように楽しむことだ。なぜなら、その可能性だってあるからだ**」（アーニー・J・ゼリンスキー　カナダの作家）ということばもある。

それでは、「不老不死だと思って学べ」、つまり永遠に生きるかごとく学びなさいとは、どんな意味だろうか。
永遠に生きていっても困らないように、今は役に立たないと思うことでも、将来に役立つかもしれないので、学びに制限を設《もう》けずに、広く学びなさい。また、変化に敏感に対応し、常に学びつづける姿勢を失わないようにしなさい、という意味だと私は理解している。

学ぶことで自分の世界が広がることは楽しいことだ。また、なにも本で学ぶことだけを言っているのではない。物理的・心理的に居心地のいい環境から、思いきってあえて抜けだしてみることだ。

いつもの日常生活とは違うことをやる。自分を解放して、自然と戯《たわむ》れたり、おいしい食事をしたり、好きな人や動物と過ごしたり、新しい環境に飛びこんでみることで、考え方が若返り、新たな活力を手に入れられる。

その日、その日が「一年で最高の一日だ」と心に刻《きざ》め。

ラルフ・ワルド・エマーソンは、無教会主義、個人主義、自由信仰を唱《とな》えたアメリカの思想家だ。彼のことばを紹介しよう。

日記は、今日一日の出来事や感想を記して、こころの整理をおこない、来《きた》るべき明日はまた新たなこころで迎えるためにおこなうものだろう。しかし、私は日記に出来事を記録することで、嫌《いや》な記憶が固定化されるのを好まない。

嫌なことは思い出すことなく、早く忘れ去りたいのだ。ましてや、老後に日記を読んだときに嫌なことを思い出すなど、真っ平ごめんだ。

そこで、私は「**いいこと日記**」と名づけた日記をつけている。
「いいこと日記」には、その日に起こったいいことだけを記録するようにしている。こうすれば、就寝前に日記を記載する際に、いいことだけを記《しる》すバラ色の日記になる。**特にいいことがないように思える日でも、なにかいいことはなかったかと、毎日いい面を探す習慣がつき、人生を肯定的にとらえられる。**

「今日もいい一日だった。明日は、今日よりもっといいことがあるはずだ」と明るい気持ちで心地よく眠りにつくことができるのだ。老後に日記を読んでも楽しいことばかりの人生だったと満足できよう。

このエマーソンのことばにも似たところがある。常に努力をするひたむきな姿勢、しかも、暗くならずに、今日が最高の日であると人生を肯定する明るさ、潔《いさぎよ》さを含んだ名言だ。

私は毎朝目を覚まして言う。「まだ生きてる。奇跡だ」。こうして私は挑戦を続ける。

海洋学者のジャック＝イヴ・クストーは、潜水用のアクアラングの発明者の一人で、87歳まで深海調査などをおこなった。

考えてみてほしい。病気や障害で苦しんでいる人はたくさんいる。生きたくても生きられない人は多い。彼らはそれでも残された生を懸命に生きている。

本当は、明朝起きられるかどうかなんて誰にもわからない。朝、目が覚め、また新しい一日を迎えられるのは、とても素晴らしいことだ。

さらに、**寝ている間に昨日の疲れが除かれて、新たなエネルギーが充塡《じゅうてん》されていることを、幸運と呼ばずにいられようか。**

この貴重な生を受けた以上、自分の好運に感謝すべきだろう。

自分にまた与えられた時間を大事に過ごしていこう。

6

運動嫌いを直す法

人生において成功するために、神は人にふたつの手段を与えた。それは教育と運動である。

プラトンは古代ギリシャの哲学者で、ソクラテスの弟子にして、アリストテレスの師に当たる。

このことばに続け、プラトンはさらにこのように言っている。

「これはしかし、前者によって魂《たましい》を鍛《きた》え、後者によって体を鍛えよ、ということではない。その両者で魂と体の両方を鍛えよ、というのが神の教えだ。この二つの手段によって、人は完璧な存在となるのだ」

精神と肉体は関連しあっており、ウォーキングなどの有酸素運動が、脳の機能を改善する最強の手段であることがわかった。

週3回、1回15分程度の軽い運動で、不安やうつが驚くほど軽くなり、記憶もよくなる。

運動することで、記憶に関係する脳の海馬《かいば》にある神経細胞数が増え、そこに栄養や酸素を運ぶ毛細血管の数も増える。つまり、運動で脳細胞が増えて脳の循環もよくなることが、脳の活性化の機序（メカニズム）であることが、脳科学の研究で明らかになった。

この精神と肉体の関係を、プラトンが紀元前4世紀にすでに喝破《かっぱ》していたことに驚嘆の念を禁じえない。

なせは成《な》る 為《な》さねは成《な》らぬ何事も 成《な》らぬは人の為《な》さぬなりけり

上杉鷹山《うえすぎようざん》は、江戸時代の大名で、出羽国米沢藩《でわのくによねざわはん》の第9代藩主。領地返上寸前の米沢藩再生のきっかけをつくり、江戸時代屈指の名君として知られている。

これは上杉鷹山の厳しいことばだ。

成らない原因は、ひとえに人の努力が足らないのだという。ただ、もう少し続ければ成せることは多い。

上杉鷹山に反発するのは、本当に全力でおこなってみてからにしよう。あなたは自分で思っている以上にできる能力を秘めているのだ。

心臓や肺の病気になると、歩くと息切れするようになる。息切れを避けようとして歩く機会が減り、筋力や持久力が低下してくる。すると、次第に軽い動作でも息切れがしてくる。そしてますます動こうとしなくなり、どんどん筋力や持久力が低下してくる。しまいには、安静にしていても息切れするようになる。

これはしかし、単なる運動不足の悪循環の結果であることが多い。心臓や肺の病気そのものによる息切れでなく、筋力や持久力の低下が息切れをひどくしているにすぎない。

リハビリでこういう人の下肢《かし》の筋肉を少しずつ鍛えていく。するとどんどん息切れが減って、運動レベルが上がり、また歩けるようになる。まさに「なせは成る」の一例だ。

物事は、もっとやってみれば、もっとできるものである。

ウィリアム・ヘイズリットはイギリスの作家。最期《さいご》に「さて、楽しい一生だった（Well, I've had a happy life.）」と言い残したという。その彼がこのようなことを言っている。

もったいないことに、**人間の脳は死ぬまでにたった10パーセント程度しか利用されない。**脳のほとんどは使われずに、ほぼ新品のまま廃棄されているのだ。

あなたは本来あなたが思うより、もっと多くのことができるのだ。いろいろ努力を続けていると、北海油田やシェールガスのように、意外なところから新しいエネルギーが出てくるものだ。

高齢でもエネルギーのかたまりのような人がいれば、若いのに覇気《はき》のない人もいる。

先天的な個人差はあるだろう。しかし、それだけではないはずだ。

エネルギーのかたまりの人は、勝ち癖を持っており、とにかく勝つまでは努力を続けようとする。勝つことで成功報酬としての喜びを体験し、その喜びが薄れる頃にまた新たな喜びを得るために努力をおこなう、好循環にある。

年齢やそれぞれの臓器の障害を問わず、運動を続けると、心、肺、血液、筋肉の機能が飛躍的に高まり、からだに取りこむ酸素の量（最大酸素摂取量）が増えて、それだけ寿命をのばせる。

もちろん一朝一夕《いっちょういっせき》にはできないので、毎日コツコツとおこなうことが肝要だ。今日なんとかできたことが、明日は簡単にできるようになり、また新たな目標や希望ができる。

残された脳の90パーセントのうち5パーセントだけでも使ってあげよう。自分でも信じられないパフォーマンスができるようになるかもしれない。

行動を起こすから、その先に何かが生まれる。変化は突然ではなく小さな努力の積み重ねから生まれるんです。

このことばを語っている野口健《のぐちけん》は、1999年に七大陸最高峰登頂最年少記録（当時）を樹立した登山家である。

ヒトは30歳を過ぎると、1つ年をとるごとに、平均1パーセントずつ筋肉量や筋力が低下する。それでは、1日動かないでいると、どのくらい筋肉量・筋力が低下するのだろうか？

じつは、トイレと食事以外は寝たままで丸1日過ごすと、それだけで1パーセントの筋肉量・筋力が低下してしまう。さらに、丸1日完全に安静にしていると、それだけでなんと2パーセントの筋肉量・筋力が低下してしまうのだ。つまり、**たった1日の安静で1〜2歳も老化してしまう**ことになる。

たとえば、足の骨折で入院したりしたとき、2週間ほど安静にしただけなのに、立ちあがるとフラフラしたり、歩くのがしんどかったり、なにか急に年をとったような感じがした経験があるのではないかと思う。

2週間の安静では、脚の筋力は15〜30歳も老化することになるわけだから、それも当然だ。

まして、もともとあまり体力がない高齢者や障害者は、寝たきり状態にならないためにも、こまめな運動やリハビリをおこなっておくことが必須であることは、よく理解できると思う。

この人にはこれだけしか能力がないなどと決めつけては、能力は引き出せません。

井深大《いぶかまさる》はソニーの創業者の一人で、多くの日本初、世界初という革新的な商品を創りだし、ソニーを戦後日本経済の奇跡的な復興を象徴する世界的大企業に育てた。一方で、幼児教育にも力を入れていて、このことばは彼の教育の持論である。

相手の一度や二度の失敗には目をつぶり、チャンスを与えつづけると、しまいには驚くほどの成長を遂げる人が少なくない。

人の潜在能力はとても大きい。相手に多少の不安があっても、仕事を任《まか》せてみよう。人は完璧ではなく、ともすれば悪い面ばかりが目に止まる。そんななかでよい面を探し、もっとよくなるようにのばしていく。相手を評価するには、長期間にわたる観察が必要だ。過去は過去。現在は現在。未来はこれからだ。

私は過去には、相手に3回言ってもだめならあきらめたが、5回目でよくなる人も出てきたのを経験してからは、さらに我慢強くなった。

相手の悪いところを注意するときには、相手のやる気をそがないように細心の注意を払う。メンバー全員についてそれができたとき、組織全体ものびていく。それが本当の意味でのリーダーシップかもしれない。

からだの潜在能力だってとても大きい。健康な人と病気の人を比べた場合は、心臓や肺の機能は運動能力の差の原因の一つになる。

しかし、病気の人だけで見た場合は、心臓や肺の機能の優劣は、その運動能力とそれほど関係しない。むしろ、**病気があってもリハビリでどんどん歩く練習をする人や、実際歩いている人が、運動能力が上がり、寿命も長くなる**。

リハビリのおもしろさはそこにある。心臓が悪くても、肺が悪くても、きちんとおこなえば驚くほど元気に歩けるようになるのだ。

人は習慣を好む、なぜならばそれを作ったのは自分だから。

ジョージ・バーナード・ショーはアイルランドの作家で、「他に類を見ない風刺《ふうし》に満ち、理想性と人間性を描いた作品を送りだした」としてノーベル文学賞を受賞した。その彼のことばだ。

どんな習慣が身につくかで、その人の人生が決まる。

よい習慣をつくるのはたいへんなのに、悪い習慣はあっという間につくられてしまう。なぜなら、**よい習慣は本能を抑制し、悪い習慣は本能のままにつくられやすい**からだ。

しかし、**よい習慣も、いったんつくられてしまえば、その遂行や維持はあまりたい**

へんではない。だから、歯を食いしばって、ぜひよい習慣を身につけたい。

内科では薬物療法に加えて、食事療法や安静などの「制限」が基本だが、なかなかうまく守れず、家に帰れば元の木阿弥《もくあみ》の場合が多い。それでも、内科では患者が薬を飲んでくれればある程度の治療ができる。

一方、リハビリ科では患者がリハビリをしようという気にならなければ、まったくリハビリができないので、患者のやる気が内科よりも切実だ。つまり、患者をその気にさせられなければリハビリ医としては失格だ。

リハビリ科の入院患者に有効なのは、患者を褒《ほ》めることと一緒に行動すること。すなわち、励ますことだ。患者が「こんな私を励ましてくれた。褒めてくれた。一緒に歩いてくれた」と感激するように作戦を練《ね》る。

患者がよい習慣を身につけるには、それだけ患者が自分自身のなかの見えない闘いをしなければならない。そのサポーター役がリハビリ従事者なのだ。

英雄は普通のひとより勇気があるのではなく、ただ五分間ほど勇気が長続きするだけである。

このことばを語ったアメリカの思想家、ラルフ・ワルド・エマーソンは、精神的な個人主義を大胆に唱《とな》えた人で、詩人でもある（148ページにもエマーソンのことばがあります）。

私は留学中に、あるホルモンの測定を試み、国際学会に応募しようとした。測定する段になって、測定キットの中にある試薬が不足していることに気がついた。応募締め切りが迫っていて、もうあきらめて家に帰ろうと妻に電話した。

すると妻が「それは研究でよく使うものだから、研究室のどこかにあるのでは？とことん探してみたら」と言うので探したところ、研究室の棚の隅にあった。その試薬を用いて測定して応募期限に間に合わせ、学会で発表できた。その研究が英語の医学書に写真入りで掲載されるきっかけとなり、研究者人生を続ける自信になった。

ただ、年とともに体力が低下し、集中力や認知能力も落ちてくる。本を読むにも、姿勢を維持する持久力や筋力を必要とする。**勇気や判断力を持続させるには、特に運動が有効だ。**

とにかく立ちあがって、その辺を歩いてみよう。からだが動きはじめたら、眠気がとれて集中力が上がる。**たった5分で有効だ。**

もし心の奥底で「お前は絵を描けない」という声が聞こえたら、大いに描くんだ。声は必ず消えるから。

こう言っているのは、フィンセント・ファン・ゴッホ。「ひまわり」「自画像」などで有名なオランダの後期印象派の画家だ。

限界のように見えても、もう少しがんばれば、もっとやれるものである。しかし、ゴッホのように我慢強くない場合は、つらくなったら実際、どうがんばればよいのだろうか。

満99歳まで生きた母方祖母は頭痛を知らなかった。「頭をたたけば痛いけれど、たたかなくても頭が痛いのは理解できない」と言っていた。

そのご機嫌な血を引く私だが、それでも**毎日、疲労・睡魔・集中力低下・意欲減退と闘っている。**私なりの対策を教えよう。

①数分間体操や散歩をする
②コーヒーを飲む
③足つぼ台で足裏をぐりぐり刺激する

この3つが武器という、安価でお気楽なものだ。

このどれかをおこなえば、しばらく疲労・睡魔・集中力低下・意欲減退から逃れられ、仕事を続けられる。

これらの武器で自分の怠《なま》け心を抑えて、もう数十分〜数時間だけ長く仕事を続けて多くの成果を挙げてきた。

1日3回は、これらで「限界」と闘うことを日課にしている。

3つともやっても効果がない場合や4回目の闘いになるときは、潔《いさぎよ》く仕事を中止し、十分休む。

はじめに人が習慣をつくり、それから習慣が人をつくっていく。

このことばを発しているジョン・ドライデンは、イギリスの詩人、評論家だ。王政復古時代のイングランド文学を支配し、その時代が「ドライデンの時代」として知られるほどの人物だ。

いったんよい習慣をつけてしまえば、その習慣がその人をどんどん相応《ふさわ》しい人に変えていく。しかし、そのよい習慣をつくるまでが、じつはとてもたいへんだ。

コロンビア大学のアイエンガー教授は、**ある行為を禁止する場合、本人に若干《じゃっかん》の裁量の余地を残しておくことが、禁止の効果を長続きさせる秘訣だ**と言っている。

子ども時代に「ちゃんと勉強しなさい」「好き嫌いしないで食べなさい」と言われ

て、勉強や食べ物がさらに嫌《いや》になった経験をした人は多いだろう。

大人になってからは、禁煙・減塩・減量がその代表で、これらを実践してみて嫌になった人も多いだろう。

しかし、**1時間以内に勉強を始めようとか、「禁煙」「減塩」「減量」の3つのうちどれか1つでいいから守ってみようとか言われれば、まったく違う印象を持つのではないだろうか。**

つまり、習慣づけにおいて本人に裁量の余地を残しておくこと、本人が自発的に決心して行動するようにさせることが、習慣をつけるには重要なのだ。

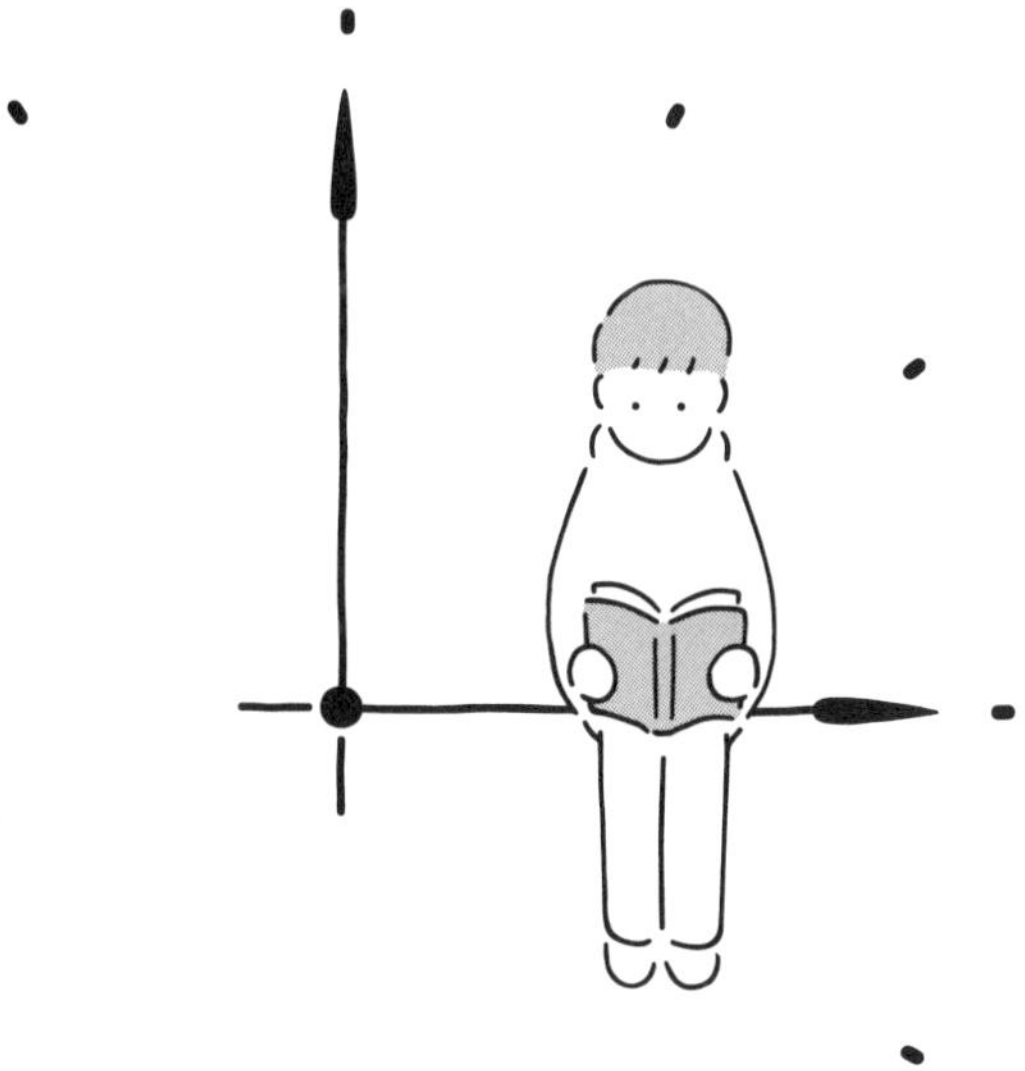

今日いい稽古《けいこ》をしたからって明日強くなるわけじゃない。でも、その稽古は2年先、3年先に必ず報《むく》われる。自分を信じてやるしかない。大切なのは信念だよ。

これは大相撲第58代横綱、千代《ちよ》の富士《ふじ》の信念のことばだ。**運動は続けなければ効果がない。**運動を長続きさせるコツを次にまとめたので、参考にしていただきたい。

日常生活に運動を取り入れる工夫

- 遠回りをして歩きましょう
- エレベーターやエスカレーターをなるべく使わないで歩きましょう
- 仕事中はなるべく階段を使いましょう
- 昼食など外食する場合は遠くの店に歩いて行きましょう
- バス停や駅を1つ手前で降りて歩きましょう
- 高層ビルなら行き先階の2～3階下でエレベーターを降りて階段を昇りましょう
- 休日は買い物ついでにウィンドーショッピングをしましょう

運動を長続きさせるコツ

- 歩数計をつけて毎日の記録を残しましょう
- 景色のよいところを散歩しましょう
- 音楽を聴《き》きながら散歩しましょう
- 運動仲間をつくりましょう
- 服装などファッションを、いつもより派手めにして変化をつけましょう

●栄養や睡眠を十分とりましょう

運動をおこなう際の注意点

●他人と話をしながら続けられる強さの運動で、運動中や終了後に苦しさや痛みを覚えないようにしましょう
●最初からがんばりすぎないで、自分の体調に合わせてマイペースで運動しましょう
●運動も週休2日程度にしましょう
●体調の悪いときには休みましょう
●頭痛・胸痛・冷や汗・脱力感などがあれば直《ただ》ちに運動をやめて、主治医に相談しましょう
●運動中や運動後には水分補給を忘れずにおこないましょう

7 こころのストレッチ法

この世で変わらないのは、「変わり続ける」ということだけだ。

『ガリバー旅行記』などで知られるアイルランドの風刺《ふうし》作家、ジョナサン・スウィフトが言っている。

この世で変わらないものはない。からだだって毎日置き換わっている。からだを構成しているタンパク質、炭水化物、脂質、あるいは核酸、ビタミン、ミネラルといった分子や原子はすべて非常に高速に入れ替わり、置き換わっている。

人のからだは一つの細胞から始まり、成長するにつれ増えていき、大人になると気が遠くなるほどの数の細胞でできている。

人のからだは、日々細胞が新しく入れ替わっている。胃粘膜の細胞などはどんどん

死ぬと同時に新しい細胞が生まれ、1週間で置き換わる。筋肉でも2ヵ月、血液は4ヵ月、骨も7年程度で完全に置き換わっている。ミクロに見ると常に変化しているが、マクロに見ると変化しないという点では、動的平衡ということばもある。

医学・医療だってどんどん変わって進歩している。私が医師になってからだけでも、高血圧にはよい薬がたくさんできたし、胃潰瘍《いかいよう》は外科手術の病気から薬で治《なお》る病気になった。

C型肝炎は肝硬変《かんこうへん》や肝がんにつながる恐ろしい病気から、薬で予防できたり、治療できる病気に変わった。心不全や腎不全《じんふぜん》の人がリハビリで元気になり、心機能や腎機能が改善する時代である。

現状に安住することなく、変化を敏感に感じとって、自分を変えていってこそ充実した人生が味わえる。変わらないなら、みんな人生に飽《あ》きてしまうだろう。

虹が十五分も出ていると、もはやそれを眺める人はない。

ヨハン・ヴォルフガング・フォン・ゲーテは、『若きウェルテルの悩み』『ファウスト』など広い分野で重要な作品を残したドイツを代表する文豪であり、政治家、自然科学者でもある。そのゲーテが言っている。

人は飽きやすい動物である。美しいこと、めずらしいことにはすぐ興味を抱いて近寄るくせに、ほどなく飽きてしまって顧《かえり》みなくなる。

私は海の見える場所にこだわってマイホームを建てた。水平線を眺めて楽しんだ日は短かった。そのうち飽きて見なくなった。新車も買ったが、1ヵ月もすると運転にも気分が高揚することがなくなった。

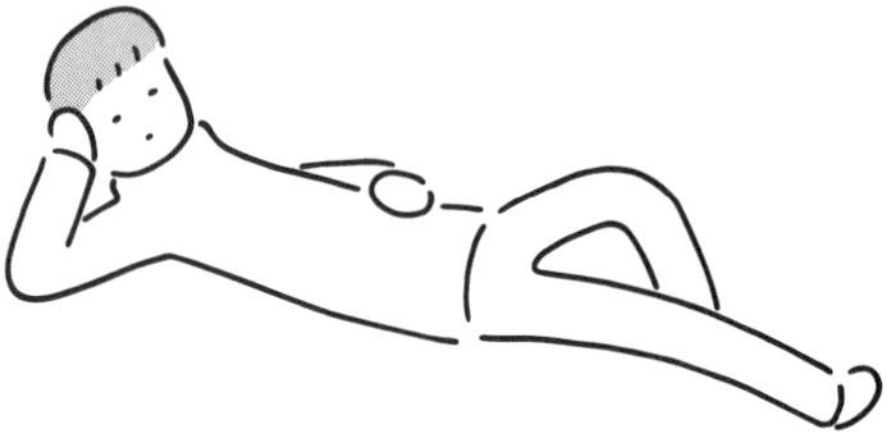

子どもが生まれたときは、息をしているか、オムツが濡れていないか、脱臼《だっきゅう》していないか、一挙手一投足に注意を注いだが、そのうち泣いても大して気にならなくなった。

しかし、飽きやすいことが悪いことかというとそうでもない。**飽きやすくなければ、常に大小のストレスにさらされることになり、精神的に疲れきってしまうことだろう。ストレスに慣れやすいという人間の特性も必要なことなのだ。**

ファースト・ムービング（First Moving）

まず取りかかりなさい、という意味だ。

オーストラリアのメルボルンに留学中、現地で買った英会話学習本の最初にあった一節だ。

千里《せんり》の道も一歩から。夢も、どんなに大きな事業も、語るだけでは永遠に実現しない。

身近なことを少しずつがんばっていくことから始まる。あまりあれこれ考えずに、まず一歩を踏みだして始めよう。

何から始めればいいのかって？

あなたが今いる場所から始めよう。あなたにあるものを使って、あなたにできるこ

とを始めよう。

始めてしまえば頭も活性化し、その後の名案も浮かんでくる。

これを3日でやめずに7日続けよう。

そうすればもはや習慣になり、おこなうのも苦にならなくなるし、うまく事が運んでいるので意欲が増している。さらに努力を重ねていけば、成功はもう目の前だ。

「みんな」という口癖をなくせば、言い訳がなくなる。

前にも紹介した千田《せんだ》琢哉《たくや》が『学校で教わらなかった「20代の辞書」』のなかで言っていることばだ。

子どものときに、「みんな」ということばをよく使ったのを覚えているだろうか。「みんなが買ってもらったゲームがほしい」「みんな時計を持っている。僕にも買って！」「みんな言っている」などである。

物がほしくなると、その物を持っている人しか目に入らなくなる。みんなといっても、自分のまわりの3～4人の遊び友だち、すなわち少数の人にすぎなかったのではなかっただろうか。人の能力や環境はさまざまであり、その興味も異なるのが本当のところだ。

「みんな」ということばを使わないようにしよう。一般論で物事を見るのをやめよう。周囲を広く見渡してみよう。

本当は「みんな」なんてどこにもいない。冷静になって見てみれば、周囲に流されない人がたくさんいるのが見えるだろう。彼らを見れば、言いわけの理由もなくなるだろう。

「みんな」ということばを口にすると、頭が悪くなる。そこで思考がストップしてしまうからだ。

「みんな」という口癖をなくすと、自分自身でしっかり判断し、工夫する方向へ進むことができるのだ。

人間にとって最大の発見、最大の驚きは、「自分には無理だと思っていたものが、実はできる」と気づくことだ。

このことばを発したヘンリー・フォードは、前にも登場したが、アメリカの実業家でフォード・モーター・カンパニーの創設者。自動車の育ての親である人物だ。

フィギュアスケートの羽生結弦《はにゅうゆづる》君が世界歴代最高得点をたたき出した滑《すべ》りは、圧巻だった。また、彼のことばに深くうなずいた人も多いだろう。

「一番の敵は自分自身じゃないかな」

「できることを出し惜《お》しみしてやっていてもつまらない、それは一生懸命ではない」

「どんな状況でも全力を出すのはスケーターとしての流儀」

力の源が、対相手ではなく対自分であるという意識。自分自身の目標と向きあっているからこそ、得点やメダルにとらわれず、どこまでも高みをめざすことができる。

アスリートを対象にメンタルトレーニングを実践するスポーツ心理学という領域がある。この領域の専門家の指導などを通じて、アスリートは日頃、前向きのことばに支えられ、みんなを魅了するパフォーマンスが可能になっている。

人はみな驚くべき力を秘めている。自分はここまでだと自ら限界を設定してはもったいない。

限界は私たちの心の中にしかない。想像力を働かせれば、可能性は無限になるのだ。自分の想像の範囲内で物事が実現しても、まあ、そんなものかと驚きや喜びはあまりない。

次々と自分の「限界」を打ち破っていったときの達成感、爽快感《そうかいかん》はまさに本当の幸せではないだろうか。

千里の馬は常にあれども伯楽は常にあらず

これは、中国の故事成語の一つだ。

名選手かならずしも名監督ならずという。名選手の名選手たるゆえんは、大きな才能に恵まれ、しかもさらに努力を続けた結果だ。

名監督といえども、多くの名選手をそろえてもらえるわけではない。名監督の仕事は、**小さな才能しかない選手をどう大きく育成するかだ。**

名選手上がりの監督がしやすい間違いは、選手に、「どうして自分のようにうまくできないのか」と思ってしまう点、しかもそれを選手の努力不足と思ってしまう点だ。選手を走らせて、単にスピードだけでそのがんばりの評価をしてしまうような誤りだ。教授が学生に厳しく当たるアカハラ、パワハラの多くはこの誤りだ。

人の能力は千差万別だ。人の最大心拍数は「220－《マイナス》年齢」回／分である。その選手のがんばりの程度は、心拍数が２２０－年齢にいくら近づいたかでわかる。

このような冷静な判断基準を持っていれば、選手を平等な基準で扱え、名伯楽《めいはくらく》になれるかもしれないのだ。

お前がまいったと思っている時は、ほかの者もまいっているんだ。お前が苦しい時は、ほかの者も苦しいんだ。その時なにくそと思って走るんでなければ勝てるもんか。

心臓外科の権威であった榊原仟《さかきばらしげる》先生（東京女子医大名誉教授）の著書『医の心』にあったことばだ。榊原先生が第六高等学校時代に競技部の先輩に言われたことばとして、「このことばは私の一生を支配しているようにみえる」と紹介している。

自分が苦しいときは人も苦しい。誰かがまだがんばっている間は、自分にもがんばる力が残っているはずだ。

仕事でも志《こころざし》と違って思うにまかせないことがある。医師も例外ではない。人よりたくさん長く勉強して、やっと念願の医師になれる。しかし、新米医者時代は主治医になるのを患者に嫌《いや》がられる。

ベテラン医師になっても治せる病気は実際のところあまり多くない。おまけに自由時間がほとんどとれない、睡眠時間も十分でない。青天《せいてん》の霹靂《へきれき》のような出来事が起きたりして、泣くに泣けない気持ちになることもある。

しかし、従来なにか道を開いてきた人は、医師に限らずすべてこれに堪《た》えてきたのだ。

つらさの先におもしろさがあるのだ、というようなことを思い浮かべると、よし、もう少しだけがんばってみようという気になるものである。

榊原先生同様、このことばは私の一生を支配しているようにみえるのだ。

人の中に眠るすばらしさを掘り起こすのは、称賛と励ましである。

このことばを語っているチャールズ・シュワブは、アメリカの経営者で、USスチールを創業した重要人物の一人である。

「やる気」は、脳内物質であるドーパミン、セロトニンなどが分泌されている状態だ。これらの脳内物質は勝利体験・感動体験の際に分泌される。つまり、**脳科学的にやる気を維持するには、こころに報酬をあたえつづけることが必要だ。要するに褒《ほ》めつづければいい。人は褒められたいのである。**

子どもは自分がうまくできたと思うと、必ず親の顔をふり返る。それは親に褒められるのを待っているからだ。

褒められると何度も繰り返して、また何度でも褒められるのを待っている。

私を学習に駆り立てたのも、問題集を解いたときの達成感と、親や教師の称賛と励ましだった。

私を研究に駆り立てたのも、患者からの感謝と周囲の研究者からの称賛と励ましだった。

特に留学先の学会で講演した際に、「Congratulations!（おめでとう！）」という満座の称賛を浴びたことや、英語の医学書に内容が掲載されたことは、その後の研究魂に火をつけた。

もう一度、称賛されたい、掲載されたいという気持ちが、その後のやる気をもたらしたのだ。

称賛と励ましによるうれしさが、真のエネルギーを生むのである。

結果が出ないとき、どういう自分でいられるか。決してあきらめない姿勢が、何かを生み出すきっかけをつくる。

40歳を過ぎても、現役第一線で活躍を続けるイチローのことばをもう一つ紹介したい。

あきらめてやめてしまったら、それまでの努力の大半が無駄になってもったいない。人の夢ほど儚《はかな》いものはない。儚いという字は人の夢と書くではないか。儚いからとあきらめるのは簡単だ。ただ、そう簡単にあきらめないでほしい。逃げないでほしい。

物事にはさまざまな見方がある。どんな経験にも100パーセントの成功や100

パーセントの失敗はない。むしろ、どんな経験にも「うまくいったこと」と「改善したほうがいいこと」の両方がさまざまな割合で含まれている。

どんなに成功だと思っていることのなかにも改善点はあるし、失敗だと思っていることのなかにもやってよかったことがあるはずだ。

「白か黒か」「敵か味方か」「成功か失敗か」という考え方を二極化思考という。**「ほどほど」「曖昧《あいまい》」という発想を受け入れられないと、生きていくのが苦しくなる。幸せになるためには二極化思考を排除しよう。**

具体的には、①冷静に反省点・改善点というマイナスの整理をおこなう、②マイナスの中でもうまくいったこと、やってよかったことのプラスの発見をおこなう、これらの結果を踏まえて、③何を改善してどんな行動をしたらよいかを考える。

こう冷静に3つに分けて考えるとうまくいく。そして、あきらめないで、工夫しながら少しずつでも続けていけば、きっといいことが起きるはずだ。

「もうこれ以上のアイデアを考えられない」と思った後にこそ、良い考えは生まれる。

トーマス・エジソンは、白熱電球や蓄音機などの発明で知られる、アメリカの著名な発明家だ。1000以上の発明に対し、特許をとっている。そのアイデアのかたまりでもあるエジソンのことばだ。

夜中までがんばって書いた文章や成果物を、翌朝改めてリフレッシュした脳で推敲《すいこう》をおこなうと、もっといい文章に直せる。

これを脳科学的には「**怠惰思考**《たいだ》」という。つまり脳は睡眠中にも活動しているためになせる業《わざ》なのだ。

睡眠には浅い眠り（レム睡眠）と深い眠り（ノンレム睡眠）があるが、浅い眠りのときに、脳の海馬《かいば》では情報の脳内再生がおこなわれている。

逆に、深い眠りのときに、大脳皮質で記憶を保存する作業がおこなわれている。すなわち、脳は睡眠中にも活動している。

睡眠中の脳では、記憶の整理と定着が交互におこなわれていて、もっとよい考えがひらめく準備をしているのだ。だから、翌朝によい考えがポンとひらめくのだ。

つまり、よい考えがひらめくには相応の熟成期間が必要だともいえる。

11世紀中国の政治家であり文学者の欧陽脩《おうようしゅう》のことばに、「**三上**《さんじょう》」というのがある。よい考えの生まれやすい状況のことで、馬上、枕上《ちんじょう》、厠上《しじょう》、それぞれ「乗り物に乗っているとき」「布団で寝ているとき」「便所のなか」だ。すでに１０００年以上も前に「怠惰思考」の存在が明らかにされていたのだ。

アイデアを要する仕事をこなすためには、十分な時間的余裕を持って手をつけて、「怠惰思考」も味方にする必要があるともいえる。

何かに打ち込むことこそ、人生の幸福である。

このことばを発しているサミュエル・スマイルズは、イギリスの作家であり医者でもある。その著書『西国立志編（自助論）』は邦訳出版され、その思想は近代日本の形成に大きな影響を与えた。

序文のなかの格言「天は自ら助くる者を助く」は広く知られている。

退職すると急に老けこんでしまう人がいる。

肩書や役割をもらってこれまで忙しくやっていたのに、それらを剥奪《はくだつ》され、もう来ないでくれと言われた場合のショックは大きい。

働いている間は仕事に追われるあまり、趣味を持つことはおろか、家庭を顧《かえり》みることも、地域での活動に参加することもなかったため、退職後いざ何かを始めようと思っても、そのために必要な人間関係もなければノウハウもない。また、それらを得るために努力しようという意欲もエネルギーもない状態である。

特に趣味もないので、家でゴロゴロしてしまう。じつはこれが危険なのだ。**安静にしていると「廃用症候群」と呼ばれる状態になりやすい。筋力低下、骨粗しょう症、認知症、不安、うつ、動脈硬化が進行し、心臓・血管系の病気にかかって、寿命を縮めることにもなる。**退職すると急に老けこむ人は、たいていこれが原因なのだ。

老けこまないようにするにはどうするか？　**まず、外に出よう。**安静の害を取り除き、散歩でもすれば元気が出てくる。

もとの肩書や立場はさっぱり捨てて、趣味や町内ボランティア活動など、次の役割の中で活動してみよう。

地域に頼りにされるようになり、新たな生きがいを持てること間違いない。

私は仕事で疲れたという記憶はまったくない。しかし、何もしないでいると、くたくたに疲れきってしまう。

アーサー・コナン・ドイルは、イギリスの作家。とりわけ『シャーロック・ホームズ』シリーズの著者として知られ、現代のミステリ作品の基礎を築いた。そのドイルのことばだ。

仕事をするのはたいへんだと思う読者には、信じられないことばかもしれない。しかし、自分の好きな仕事をする幸運に恵まれた人の正直な感想だと思う。

ヒトの肉体のエネルギーは潤沢《じゅんたく》だ。からだのグリコーゲン、脂肪、タンパク質を原料とし、空気中の酸素をからだのなかに取り入れて、これらが反応してＡＴＰという物質がつくられる。

これが分解するときにエネルギーが発生する。原料さえあれば、ずっとエネルギーをつくれるのだ。


頭のなかのエネルギーも尽きない。楽しいこと、意義深いことをやる場合は、かなり長い時間でもめったに疲れを感じない。むしろ、それを禁じられたり、おこなわないと疲れるものだ。

私の場合は原稿を書くことがそれにあたる。新幹線や飛行機での移動中はまさにそのためのゴールデンタイム。講演などで遠方に行くことも、往復の車中で原稿が書けると思えばまったく苦にならず、むしろ楽しみの時間でもある。

そのようなことを見つけると、あるいは仕事に意義を見つけ、楽しくおこなう工夫をすれば、疲れを知らずに仕事をすることができるのだ。

よき金言、警句は、どの時代にも食事と同じように滋養を与えるが、何世紀にわたっても生き続けるものである。

フリードリヒ・ニーチェは『ツァラトゥストラはかく語りき』などで知られるドイツの哲学者だ。これを含め、多くの名言が知られている。

名言とは不思議なものだ。長い間語り継がれ、時空を超えて多くの人々を元気にし、勇気づける。

食事はそのときだけ人に滋養《じよう》をあたえるが、**ことばの影響は無尽蔵《むじんぞう》だ**。ことばが多くの人を元気にし、ことばの書かれた書物が受け継がれ、それを読んだ人たちが立派な建築物や便利な製品を創造し、また学問の進歩をもたらす。

　この世で人が創《つく》りだしたものすべてが、ことばが形を変えたものだといってもいいだろう。子や孫にぜひそのようなことばを残したい。医師として患者やその家族をぜひそのようなことばで慰《なぐさ》めたり励ましたりしたい。教育者・研究者として、次代を担《にな》う人たちにぜひ勇気を与えたい。

　このような気持ちで名言を集め、紹介している日々である。

●参考文献　順不同

山本健吉・宮柊二著　扇谷正造・本多顕彰監修『世界の名文句引用事典』自由国民社
ロバート・ハリス『アフォリズム』サンクチュアリ出版
森山進『人生を豊かにする英語の名言』研究社
境野勝悟『老子・荘子の言葉100選』知的生きかた文庫
別冊宝島編集部編『人生の指針が見つかる「座右の銘」1300』宝島SUGOI文庫
遠越段『心に火をつける言葉』総合法令出版
河合隼雄『こころの処方箋』新潮文庫
野茂英雄『僕のトルネード戦記』集英社文庫
サミュエル・スマイルズ　竹内均訳『自助論』知的生きかた文庫
デイビッド・セイン　佐藤淳子『世界のトップリーダー英語名言集　BUSINESS』Jリサーチ出版
大内博　ジャネット大内『「人を動かす」英語の名言』講談社インターナショナル
榊原仟『医の心』毎日新聞社刊
檜山乃武編著『音楽家の名言　あなたの演奏を変える127のメッセージ』ヤマハミュージックメディア
井深大研究会編『井深大語録』小学館文庫
千田琢哉『学校で教わらなかった［20代の辞書］』ぱる出版
千田琢哉『ギリギリまで動けない君の背中を押す言葉』日本実業出版社
ジョン・J・レイティ　エリック・ヘイガーマン　野中香方子訳『脳を鍛えるには運動しかない！』

NHK出版
上月正博『「安静」が危ない！ 1日で2歳も老化する！』さくら舎

●参考ウェブサイト

『一瞬で人生を変える』魂の名言 https://meigen1.jimdo.com/
インクワイアリー https://www.a-inquiry
癒しツアー http://iyashitour.com/
名言ナビ http://www.meigennavi.net
モチベーションの上がる名言 http://motiv.top/word/
心に残る名言集・格言 http://meigen.keiziban-jp.com
名言から学ぶコーチング【名言集】 http://www.meigenshu.net
ウンログの辛口ダイエット格言まとめ http://jibunlab.com/iiun/diet.html
【心に響く】ダイエットの名言・格言集 https://coregano.me
ダイエットやる気が出る画像・言葉まとめ54選。やる気スイッチ！ http://any-stress.com/archives/12418
ダイエットが辛くなったときにやる気が出る言葉88選 http://yasepuri.jp/etc/kotoba/
NAVERまとめ http://matome.never.jp/
TABI LAVO http://tabi-labo.com/
名言格言集－FC2 http://meigennokuni.blog.fc2.com/
名言・格言・言葉の宝石箱 http://meigenn.jp

おわりに

私は昔から人生訓の本や心理学の本を読むのが好きで、気に入ったことばには印をつけ、自分だけの秘密にしていました。経験とともに、気に入る名言も変わっていくものです。中学・高校時代は励ましてくれるものに片っ端から印をつけていました。それから年をとるにしたがって、慰《なぐさ》めたり、心を温《あたた》かくするようなものに印をつけることが多くなりました。私自身、名言に何度も助けてもらいました。

私は昭和31年の生まれです。子どもの頃は、周囲に大家族の家が多く、夏休みなど町内会で毎朝ラジオ体操をし、夕方は子ども会で拍子木《ひょうしぎ》を持って町内の火の用心をしたりした時代の人間です。当時はめいめいにそれなりの役割があり、それにより互いに感謝しあっていました。

その後、衣食住環境は確かに豊かになりました。スマホやネット環境が充実して情報量が爆発的に増えました。しかし、仕事が細分化されるようになり、さらに、低成長でありながらグローバル化が進んでしまい、一つの価値観での競争が激化するような時代になりました。昔に比べて、生きる意味や幸せが見えにくい感じがします。**しかし、ちょっとしたアドバイスが、こころの安定につながったり、勉強や仕事の後押しになって結果に影響していくものです。**そのような経験が積み重なることで、行動が変わり、からだが変わり、人生が大きく変わることまであるのです。

私の座右の銘をいくつか紹介します。

まず、「刮目《かつもく》して相待つべし」（目をこすり、相手に会う際に先入観を捨てて見る用意をして待ちなさい）です。リハビリ科の恩師、佐藤徳太郎先生（東北大学内部障害学名誉教授）はまさにそんな人です。基礎の研究者から糖尿病内科臨床医へ、そしてリハビリ科医、行政関係、また糖尿病内科臨床医と、さまざまな専門を軽快なフットワークで悠々とこなしてこられました。現状に甘んじない好奇心と努力をいとわないこころがあればこそです。私が内科からリハビリ科に転身したのも、佐藤先生の拓《ひら》いた前例があってのことであると気づかされます。

つぎに、「日々研鑽《けんさん》」（初心を忘れず、いつまでも自分を磨《みが》いて励んでほしい）です。内科の恩師の一人、阿部圭志先生（東北大学第二内科名誉教授）の座右の銘です。第二内科での日々は、早朝勉強会、診療業務後深夜まで続く実験、日曜日におこなう研究成果発表会など、傍目《はため》からは過酷な日々でしたが、自分の可能性を追いつづけた貴重な充実した日々でした。この時期の日々の研鑽がなかったら現在の私はなかったと断言できます。

そして、「一視同仁《いっしどうじん》」（差別をせずにすべての人を同じように愛すべきだ）です。教授になってからはことさら肝に銘じている言葉です。地位・出身・能力などにかかわらず、どんな人をも平等に慈《いつく》しむことが重要です。しばらくぶりに会った人がどんどん成長していたり、変わっていたりして昔の第一印象と変わる場合もあります。そんなとき、早々に相手に過剰な期待や不満を抱いて判断してしまうことなく、慈しみ愛情を注ぐことが大事なのだと思うのです。

最後に、父の「がんばれがんばれ」です。私が本書を書くことを知って父がくれた人生訓です。父は、従軍、戦後の失職、再就職、不況などさまざまな局面でがんばってきたのですが、息子たちにはそうした努力を見せず、飄々《ひょうひょう》とした生きざまを見せてきました。明るく楽しくがんばるという私の人生に対する姿勢も、父の血筋や環境によって養われたのに違いありません。

私が講演でいくつかのことばを紹介したところ、後日、「あのことばのおかげでダイエットがうまくいった」「運動が継続できた」「悩んだときにあのアドバイスが役に立った」という声をたくさんいただきました。本書は、このようなみなさんの声に後押しされてまとめた「読むクスリ」です。

本書はどこから読んでも、やる気がわいてきて、強いこころでからだを変える本です。ぱらぱらとめくっていただき、目に入ったところ、気に入ったところを、声に出して読んでみてください。きっとダイエットや運動はもちろん、仕事や生活に立ち向かっていく勇気をあたえてくれるはずです。そして、読者のみなさんが自分なりの解釈を加えていっていただきたいと思います。

本書の出版にあたっては、さくら舎の古屋信吾さん、猪俣久子さんにたいへんお世話になりました。この場を借りて厚くお礼申しあげます。

本書が、ダイエットを成功させたい、運動習慣をつけたい、仕事や生活を充実させたい、幸福になりたい、やる気をもっと高めたいと思っている読者のみなさんに、末永く活用していただければ幸いです。

上月正博《こうづきまさひろ》

著者略歴

一九五六年、山形市に生まれる。一九八一年、東北大学医学部を卒業。メルボルン大学内科招聘研究員、東北大学医学部附属病院助手、同講師を経て、二〇〇〇年、東北大学大学院医学系研究科障害科学専攻内部障害学分野教授、東北大学病院内部障害リハビリテーション（リハ）科長、二〇〇二年、同リハ部長を併任。二〇〇八年、同障害科学専攻長。日本腎臓リハ学会理事長、アジアヒューマンサービス学会理事長、日本リハ医学会副理事長、日本心臓リハ学会理事、東北大学医師会副会長、国立大学病院リハ部門代表者会議会長などを歴任。医学博士。リハ科専門医、総合内科専門医、腎臓専門医、高血圧専門医。『ことばセラピー』の著者、上月英樹は兄。

著書には『リハビリ専門医が教える健康な人も病気の人も幸せと元気をよぶ「らくらく運動」』（晩聲社）、『イラストでわかる患者さんのための心臓リハビリ入門』（中外医学社）、『「安静」が危ない！ 1日で2歳も老化する！』（さくら舎）などがある。

名医《めいい》の身心《しんしん》ことばセラピー

二〇一七年一二月一〇日　第一刷発行

著者　上月正博《こうづきまさひろ》
発行者　古屋信吾
発行所　株式会社さくら舎　http://www.sakurasha.com
東京都千代田区富士見一-二-一一　〒一〇二-〇〇七一
電話　営業　〇三-五二一一-六五三三　FAX　〇三-五二一一-六四八一
編集　〇三-五二一一-六四八〇
振替　〇〇一九〇-八-四〇二〇六〇

装丁　アルビレオ
本文デザイン　平澤智正
イラスト　平澤みのり
印刷・製本　中央精版印刷株式会社

ISBN978-4-86581-131-5